"西方现代化脚印"丛书

意大利文明与文艺复兴

段亚兵 / 著

深圳出版社

图书在版编目（CIP）数据

意大利文明与文艺复兴 / 段亚兵著. -- 深圳：深
圳出版社，2025. 1. --（西方现代化脚印）. -- ISBN
978-7-5507-3982-6

Ⅰ. K546.32

中国国家版本馆CIP数据核字第2024G0B798号

意大利文明与文艺复兴
YIDALI WENMING YU WENYI FUXING

出 品 人	聂雄前
责任编辑	陈　嫣
特邀编辑	孙　利
责任技编	梁立新
责任校对	赖静怡
封面设计	李松璋书籍设计工作室
装帧设计	龙瀚文化

出版发行	深圳出版社
地　　址	深圳市彩田南路海天综合大厦（518033）
网　　址	www.htph.com.cn
订购电话	0755-83460239（邮购、团购）
设计制作	深圳市龙瀚文化传播有限公司（0755-33133493）
印　　刷	深圳市美嘉美印刷有限公司
开　　本	787mm×1092mm　1/16
印　　张	13
字　　数	190千
版　　次	2025年1月第1版
印　　次	2025年1月第1次
定　　价	56.00元

目 录

▶ 第一章　佛罗伦萨：文艺复兴的报春花

一朵鸢尾花 ———— *003*

中国诗人看佛罗伦萨像一块精美的翡翠，而本地人认为自己的城市像鲜花，起了个"花之都"的名字。花之都的名字名副其实，佛罗伦萨就是一朵文艺复兴开出的迎春花。

最美的中世纪城市 ———— *006*

百花大教堂最大的特色是大圆顶，它与罗马的万神殿的圆顶、梵蒂冈圣彼得大教堂的圆顶，并称古代欧洲建筑的三大穹顶。百花大教堂被誉为文艺复兴建筑的第一代表作，从此欧洲建筑从"哥特时代"进入了"文艺复兴时代"。

015 文坛三杰发清音

佛罗伦萨拥有众多人才，他们或者出生于斯、长于斯，或者发展、成功于斯，人才多如过江之鲫，美如星汉灿烂，从而让佛罗伦萨成为文艺复兴的新花。文坛三杰也被称为"文艺复兴三颗巨星"，具体是但丁、彼特拉克、薄伽丘三人。

022 乌菲齐美术馆里的波提切利

波提切利的《春》与《维纳斯诞生》两幅画是与中世纪诀别的告别信，是人类重新回到美好生活中的宣言书！

025 美第奇家族的传奇

在佛罗伦萨无处不会看到美第奇家族留下的痕迹。美第奇家族愿为艺术一掷千金，使得佛罗伦萨一时间成为艺术的海洋。由于有美第奇家族，佛罗伦萨才能在文艺复兴时期脱颖而出、远远地走在前面，载入青史、流芳百世。美蒂奇家族也因此有了"文艺复兴教父"的美誉。

为什么是佛罗伦萨 —————— *031*

有学者说："作为文艺复兴的第一个家园，佛罗伦萨能当之无愧地称自己是'现代欧洲之母'。"在人类历史发展上，佛罗伦萨是一个重要的节点，像一颗璀璨的钻石熠熠发光。

▶ # 第二章　威尼斯：千年名城的风雨

建在海水里的城市 —————— *043*

威尼斯是座浮在海水中的岛上城市，只能乘船进去。海水翻波，水蒸升腾，形成的薄雾像轻纱一样流动。雾气散去，阳光初照，茫茫大海波光粼粼，一座雄伟的城市清晰地出现在眼前。高低不一的建筑群，古香古色式样优美，真是一座漂亮的水城。

圣马可广场是欧洲最美的客厅 —————— *046*

拿破仑称赞圣马可广场是"欧洲最美的客厅"。广场确实像一个功能齐全的温馨大客厅。广场上一天到晚总是挤满了游客。一群群鸽子在广场上飞来飞去，咕咕欢叫。我张开双臂，手掌中捧着一些食物，霎时间十多只鸽子飞落在了我的肩膀、胳膊上抢吃食物。

052　大运河的波涛

文艺复兴时期，亚里尔托桥两端的河岸上是繁华的贸易区，商人们在这里吃喝、做生意。里亚尔托桥桥端有一条带有屋檐的长廊，这里出现了欧洲最早的"银行街"。

056　经商高手威尼斯商人

威尼斯人全民经商，最懂赚钱。这恐怕是威尼斯够成为千年帝国的主要原因之一。威尼斯人善于经商，环境之利可能要算首先条件。城市既然建在水上，就天然具备便利的海运条件。有人说，威尼斯"因水而建，因水而富，因水而兴"。的确如此。

064　海上小霸王的兴亡

做为岛国的威尼斯，靠海上贸易而致富，靠强盛的海上舰队而崛起，成为亚得里亚海上的小霸王。大航海时代的出现，造成了葡萄牙、西班牙、荷兰、英国等一批国家的崛起；也导致地中海世界越来越被边缘化。威尼斯人断了祖祖辈辈传承的生财之路。

威尼斯功过评说　　　　　　　*071*

威尼斯是文艺复兴时期表现最为出色的共和国城邦国家，经受千年风吹雨打而生辉，沉浮于历史长河中而精彩。美丽的威尼斯有有骄傲的历史。人们献给了它"世界的宝盒"、"亚得利亚女王"等多种美称。1797 年千年水都威尼斯共和国灭亡。

▶ ## 第三章　罗马：文艺复兴完结于此

古都罗马印象　　　　　　　*081*

只见到撒满阳光的古迹废墟泛出一片金辉，微风吹拂中的枯树衰草不停地飘摆，一种强烈的历史沧桑感浮上心头。登高望远，视野十分开阔。从山顶往下望，西北面是古罗马广场，东北面是圆形斗兽场，历史就在这里展开，发生了多少悲壮的故事。

086 ———————— 古罗马建筑奇观

由文艺复兴开先河，大量的巴洛克建筑与罗曼式建筑开始在罗马复兴，罗马终于慢慢地演变成真正意义上的世界建筑之都、西方古典建筑的博物馆。这些刀刻的绘画、凝固的音乐、石头的艺术，表现了当时台伯河两岸的人们达到的最高艺术水平，是人类灿烂文化的珍贵积累。

097 ———————— 意大利的统一之路

围成半圆形的 16 根圆柱尤其给人印象深刻，这种典型的罗马柱排列方式让人联想到古罗马昔日的辉煌。而白色的大理石的装饰，又让我想起了古罗马皇帝奥古斯都的自豪感言："我将砖块的罗马变成了大理石的罗马。"

101 ———————— 意大利文艺复兴运动终结于罗马

文艺复兴运动虽然在意大利终结，但并没有消失。它像夜空中的一道闪电，照亮了欧洲大地；它又像辐射波，穿透时空，直到今天我们仍然能够感觉到当年意大利发生的那场文艺复兴运动的强力影响。

▶ 第四章　梵蒂冈：神学与艺术齐飞

梵蒂冈的词义是"先知之城"。教廷负责管理人的灵魂和精神方面的事，而对物质、世俗方面的事不用多操心。这些民众俗事归各国的国王管理。圣经上早有规定："上帝的归上帝，凯撒的归凯撒。"

圣彼得广场太漂亮了，真是人间少有的天才设计。站在宽敞的广场上，视野宽阔，环境宁静，内心感觉平和。意识到这里是教皇之城梵蒂冈，旁边就是神圣的圣彼得教堂，更让人产生出一种说不清的神秘感觉。

学者评价说，"美术三杰"的艺术成就达到了西方造型艺术的第二次高峰（首次高峰是古希腊）；仅绘画而言则达到了欧洲的第一次高峰。其中尤以达·芬奇最为突出，恩格斯称他是巨人中的巨人。

132　教皇扮演的角色

这些变化，像涼涼山泉，聚集成溪流，汇合成江河，冲垮了旧的封建秩序，塑造了新的市民社会。情况可能就是这样变化的：人的思想行为、生活方式的变化引起了文艺复兴的兴起，而文艺复兴运动反过来又让市民群众产生了新欲望，有了新要求。

第五章　比萨：伽利略的故乡 ◀

139　比萨斜塔数百年不倒

斜塔很漂亮。用白色大理石建造，在蓝天天幕的衬托下更显得洁白壮丽，塔身披上一层阳光闪现出圣洁的光辉。建筑是罗马式建筑风格，厚重显得高贵，大气不乏灵巧。教堂广场于1987年被列入《世界遗产名录》。

142　比萨出了个伽利略

人类近代科学就是从伽利略时候开始的，他是一位旗手、标志性的人物，是复兴文艺复兴时期的科学巨匠。从他开始，科学发生了质的变化，可称之为"近代科学"，从此人类科学技术走上了一条被证明是正确的、惊人发展的快车道。

梵蒂冈教会因迫害科学家而蒙羞 ——

最后的事实证明科学家是正确的，教皇是错误的。不管罗马教廷严重迫害也好，杀人灭口也好，地球还是在待在它应该待的位置上。这件事可能要算自罗马教廷成立以来做过的最愚蠢的事情了。

▶ 第六章　米兰：五彩斑斓的城市

米兰印象 ....

米兰因为有深厚的文化底蕴而不断地刮起时尚之风，追求时尚的潮流又为城市的文化不断增添着新的色彩。如果用一句话来概括一下对米兰的印象，"五彩斑斓"大概是一个比较合适的词。

米兰与基督教 ——

米兰大教堂用白色大理石砌成，是欧洲最大的大理石建筑。许多人赞誉它是"大理石山"。美国作家马克吐温称它是"一首用大理石写成的诗歌"。

164 ——————————————— 米兰艺术之旅

达·芬奇是位惜墨如金的画家，一辈子只画了17幅画，个个都是传世之宝。其中最有名的就是这幅《最后的晚餐》和珍藏在巴黎卢浮宫中的《蒙娜丽莎》。

第七章　文艺复兴：转折与起点 ◀

171 ——————————————— 文艺复兴是什么

是不是可以这样评价这场运动的意义：文艺复兴是欧洲近代发展的转折，是西方走上现代化道路的起点。文艺复兴后欧洲走入了发展的快车道，在人类文明发展道路上一骑绝尘，成为人类文明的领军者。

172 ——————— 文艺复兴运动为什么首先
出现在意大利

由于市民阶级的出现，人性开始苏醒，强调个性，思想自由，享受生活。人们突然明白过来，人的生命只有一次，因此应该幸福一点，快活一点。由于意大利人比较好地处理了继承与扬弃的关系，丢掉不合时宜的旧观念，创造符合时代发展要求的新文化，因此文艺复兴最先在意大利发展起来。

我们是否可以得出这样一个结论：从中世纪到文艺复兴，人类思想文化循序渐进，是一个渐变的过程。先是量的积累，积累到临界点引起了质的变化。这就是唯物辩证法中"量变质变规律"。

欧洲近代史上曾经发生三大思想解放运动，文艺复兴是其一，另外两项是宗教改革和启蒙运动。文艺复兴揭开了近代欧洲历史的序幕，是西方现代化的起点，被认为是中古时代与近代的分界线。

总序

坚定不移地走中国式现代化新路

段亚兵

2020年4月，笔者在深圳出版社出版《德国文明与工业4.0》一书，深圳出版社的领导看过初稿后，感觉内容不错，建议就这个题目多写一些内容。于是，笔者就构思写成了一套丛书，定名为"西方现代化脚印"。

西方的现代化，包括工业化、城市化等内容，是人类文明发展史中的重大事件。在这以前，人类生产发展的形态基本上是从采集，到游牧（包括渔猎），再进入农业阶段。世界的农业文明中心，出现在中东、南亚的印度和东亚的中国，还有南美洲的一些地方。这是人类社会中农垦技术最高、农业最发达的几个地区；中国也因此长时期走在人类文明的前头、成为举旗手之一。

后来，人类的历史发展出现了一次突变，以英国工业革命为代表，世界开始进入工业社会，人类文明从此进入了新的发展方向。可以将人类社会的发展比喻为江河流经大地的形态，大江奔流，浩浩荡荡，一泻千里，但是江河不可能笔直前进，一定是弯弯曲曲，转折迂回，波起浪涌的。西方现代化运动的兴起，是人类历史发展过程中的一次重大转折。

那么，西方发生的现代化运动，最早是从什么时候、什么地点萌芽的？笔者认为，起点是意大利的文艺复兴，时间大约在500多年前的14—16世纪。同时，经历了地理大发现时期(或叫做大航海时代)。地理大发现发现了新大陆，大航海时代里全球市场逐渐连成一片，从而给英国发生工业革命提供了成功的条件，于是西方的现代化事业起步了。或许可以对西方的现代化道路做这样的概括：意大利文艺复兴是西方现代化的报春花；地理大发现为西方现代化开辟了道路；英国工业革命空前提高了生产力；近代科学思想和技术进步为西方现代化插上了腾飞的翅膀；英国资产阶级"光荣革命"和法国的启蒙运动，塑造了西方现代国家制度的面貌。所以，笔者观察到的西方现代化运动，应该从意大利开始讲述。为此笔者又写了4本书，加上已经出版的《德国文明与工业4.0》，丛书就变成了5本。现在，这套书终于完稿出版。

笔者在20多年的时间里，多次到欧洲和美洲国家参观、访问、考察、旅游。就笔者的观感而言，西方在现代化建设方面确实远远地走在人类文明发展的前面。相比之下，中国自改革开放以来，特别是近20多年里开始加快现代化的前进步伐，工业化建设大刀阔斧，城市化进展突飞猛进，现代化面貌日新月异。笔者在行游中，对中西方两者不断对照比较，自然会产生许多念头和感想。在与他国人与事的接触中，一方面，笔者不断地思考如何借鉴西方的经验实现自己国家的现代化，有道是，它山之石，可以攻玉；另一方面，也切实感觉到，中国与西方之间的差别真的很大，实现现代化的道路迥然不同。

在党的二十大会议上，习近平总书记报告中用很大的篇幅论述中国式现代化问题。习近平总书记说，中国式现代化，是中国共产党领导的社会主义现代化，是人口规模巨大的现代化，是全体人民共同富裕的现代化，是物质文明和精神文明相协调的现代化，是人与自然和谐共生的现代化，是走和平发展道路的现代化。

党的二十届三中全会通过了习近平总书记所作的工作报告《中

共中央关于进一步全面深化改革、推进中国式现代化的决定》。报告中的许多论点切中肯綮、富有启示：党的领导是进一步全面深化改革、推进中国式现代化的根本保证，开放是中国式现代化的鲜明标识，中国式现代化是走和平发展道路的现代化，中国式现代化是物质文明和精神文明相协调的现代化……

通过学习二十大报告和二十届三中全会的工作报告中总书记对此问题的系统论述，以前困惑笔者的很多疑问都有了答案，笔者也对中国式现代化理论有了新认识：中国的发展道路，与西方走过的道路相比较，至少在以下几个方面完全不同。

一是没有中国共产党的领导，中国在现代化道路上步履维艰。

中国的工业化现代化进程肇始于清末。先有洋务运动，后有戊戌变法，但都失败了。中国的第二次工业化现代化重新启动于民国，那段时期里建立起了一些以轻工业为主的民族工业。但后来在抗日战争、解放战争中，坛坛罐罐被打得稀烂。中国的第三次工业化现代化起步，是在中华人民共和国成立后的前30年中，初步建立起了中国的工业体系。第四次工业化现代化进行于1978年后的改革开放时期，终于引爆了中国的"工业革命"，取得了巨大的成功，短短40年时间里，中国跨过了高高的门槛，踏入工业化现代化的殿堂。

总结这一段历史，可以明白一个道理：中国的四次工业化现代化运动，前两次为什么失败，后面两次为什么成功，关键在于有没有中国共产党的领导。为什么只有中国共产党能够领导中国的工业化现代化事业走向成功，是因为中国共产党是由马克思主义理论武装起来的政党，是全心全意为人民服务的政党，是具有极强政治组织能力的政党。毛泽东主席有一句话说得好："领导我们事业的核心力量是中国共产党。"

二是中国进行工业化现代化，选择了一条与西方完全不同的行进道路。

西方的现代化，走的是外侵式、掠夺式的路子，而中国的现代化走的是内生性、建设性的路子，这是完全不同的两种道路。

西方列国在发家的早期，在大航海时代将手伸到国外，建立起了全球的商业网络，强占了大量的殖民地，开辟了商品的倾销市场，霸占了大量的生产原料来源地，在殖民地民众的白骨和血泪上建起了自己的商业帝国。这方面有几个突出的例子：英国曾被称之为"日不落帝国"，将手伸到了世界的各个角落；大航海时代的探险者葡萄牙，在亚洲和拉丁美洲建立了多个殖民地，包括中国澳门；西班牙从南美洲掠夺了大量的黄金和白银，当年过着世界上最豪华的生活；"海上马车夫"荷兰也占领了很多地方，染指台湾，命名新西兰，甚至在美洲哈德逊河口的一块地方建起了新阿姆斯特丹(就是如今的纽约)；比利时和法国在非洲占领了大量的殖民地，把当地民众卖为奴隶，将其财产运回宗主国。西方现代化的成功，是建立在对全世界的剥削和掠夺之上的。

中国进行工业化现代化，完全靠自己内在的力量。当然，中国对外开放，也从外国购买工业原料，向世界供应产品。但这完全是建立在平等互利商业基础上的一种贸易关系。中国实现现代化主要靠自己的辛勤劳动慢慢积累，而不是像当年的西方列强那样靠占领掠夺殖民地实现自己的原始积累。

三是中国进行的工业化现代化，目标是让全体人民共同富裕。

在西方发展过程中，我们看到了一个悖论：随着经济的发展，越来越多的财富越来越集中在少数人手里。有钱人富得流油，而普罗大众并没有得到多少实惠，反而有众多的人日益贫困化。这种情况不由得让人想起唐朝诗人杜甫"朱门酒肉臭，路有冻死骨"的诗句。以美国为例，随着全球化的发展，富人越富，穷人越穷，连中产阶级都开始慢慢地陷入贫困泥沼中。其主要原因在于：西方的现代化是资本主导的少数人的现代化，而中国的现代化是着眼于人的公平正义，走共同富裕的现代化。

中国进行的工业化现代化，之所以呈现出一种全民共同富裕的特征，是因为中国是社会主义国家，走共同富裕之路是社会主义理论的题中应有之义；而这一理论又与中国传统文化中"大道之行也，天下为公"的理念完全相符合。中国式现代化，对内是要全民共同富裕，对外是要联合世界上一切对我平等的民族国家共同发展。

本人通过写作这本书更加深刻地认识到，中国式现代化是前无古人的事业，是艰苦卓绝的奋斗，是造福人民大众的善政，是开辟新式的现代化道路模式的选择。概括起来说，中国式现代化理论是在马克思主义理论指导下对其发展的成果，也是深深根植于中国优秀传统文化土壤里的一朵绚丽的花朵。中国式现代化是新模式，与西方的现代化不可同日而语。中国式现代化走的是天下为公的宽敞大道，要实现的是共同富裕的理想社会。天下为公的治理方针能够保证可持续发展的稳定状态，共同富裕的社会才有可能建立起公正公平的理想社会。

中国式现代化道路不仅是适合中国发展的正确道路，也是有利于全球发展的锦囊妙计。中华民族愿意与普天下的众多民族走一条共同富裕的道路，实现天下大同的理想。因为中国人认识到，蔚蓝色的地球，是茫茫星空中人类唯一的家园；人类命运共同体，是一艘航行于波涛汹涌大海里的方舟。人类唯有同心携手，方能共同创造美好的未来。

人总是通过他者认识自己。只有深入地了解别人，才能更好地理解自己。仔细研究别人的得失，有利于做好自己的事情；观察别人的走过的路，方可以有把握地确定自己的行动：他人成功的经验是我们可以吸收的营养，他人的失误是对我们的警示。在他人的挫折里吸取教训，可以帮助我们避开道路上的大坑；分析他人走弯路的教训，有可能给我们弯道超车的机会。

这就是笔者要写作这一套丛书的目的。

文明在接触交流中进步

段亚兵

我退休后有了一些机会去国外走动。异国情调，目不暇接；所见所闻，收获良多。去欧美一些国家感觉收获更多一些。思索观察欧洲国家为什么能够率先踏上现代化的道路，是一个饶有趣味的研究课题。

近几年德国的制造业发展引人注目，率先提出了"工业4.0"的概念。受到启发，我产生了写一本介绍德国文明的书的想法。书稿完成后，与出版社的几位编辑讨论聊天，大家认为，包括德国在内的欧洲国家走出了一条不同凡响的道路，在人类文明发展史上创造了奇迹。有一位编辑来建议说："既然开始研究德国文明的发展，那能不能将视野再放宽一点，多写几本欧洲其他国家的书，探讨西方现代化文明发展的路径。这位编辑的话让我头脑快速运转起来，打开了我多年所见所闻的记忆和不断思考的闸门。于是，写作"西方现代化脚印"丛书的想法逐渐成熟，我初步考虑写作5本，包括德国、意大利、西班牙、葡萄牙、荷兰、英国、法国等。我认为研究西方现代化文明发展史，应该从文艺复兴开始谈起，讲述大航海时代，评说启蒙运动，探讨工业革命发生的原因等，落脚到德国的工业4.0。以上是西方现代化过程中的几个重要节点。如果按照这个逻辑，我目前的写作顺序已经反了，德国文明的书稿已经写成，只好再倒叙其他国家的故事。好在这不是一部学术著作，结构方面不必严格要求；而是一本文化思考的书，顺序可以灵活安排。

打开西方现代化文明发展的历史画卷可以看清楚一个事实：现代文明虽然最早出现在欧洲，但这是人类古代文明综合发展的结果。

首先，西方现代化文明发展的源头和传承路线复杂，古希腊文明是其源头之一。虽然古希腊地处欧洲，但是古希腊文明的智慧并不是直接、自然地流传到近代欧洲，而是经由阿拉伯文明作为二传手的。在长达千年的中世纪里，古希腊文明的智慧被阿拉伯文明继承并发展，反哺欧洲引发文艺复兴运动，成为欧洲现代化文明发展的思想动力和智慧宝库。

其次，欧洲的文明发展受到了世界其他文明发展的影响。以中国与欧洲的互动为例。中国与欧洲分处在欧亚大陆的东西两端，虽然地隔万里，但是中国与欧洲文明的交流实际上一直在进行。威尼斯人马可·波罗在监狱里口述在中国的见闻，成书后在欧洲引起了轰动。欧洲人发现东方大国的繁荣富裕后思想不再平静，产生了想要与东方往来的强烈愿望。大航海时代是欧洲迈进现代化的一个重要历史时期。然而，在哥伦布探索新大陆之前的半个多世纪，明朝的郑和就已经完成了下西洋的壮举。两个船队的航船大小和船队规模不可同日而语，中国的航海技术为哥伦布等西方航海家的探险提供了智力支持。

回顾历史只想说明一个观点：文明是在接触交流中发展的。一个文明善于向其他文明学习借鉴，才能不断取得进步；如果自我封闭起来，拒绝学习和交流，这个文明就会落后、衰败，最终被历史淘汰。

当然，文明体之间有竞争，有挑战，甚至有冲突。英国著名学者汤因比提出的"文明的挑战和应战"理论给人启发，美国学者亨廷顿提出的"文明冲突"理论也值得思考。也许，文明是在挑战应战中产生和发展，也是在冲突中毁坏和更新。总之，不管是主动地学习、自愿地借鉴也好，还是被动地应战、严重地冲突也好，文明总是在接触、冲撞、交流、融汇中发展。

习近平于2019年在北京召开的亚洲文明对话大会上谈到了这个道理。他认为，文明交流应坚持开放包容、互学互鉴，如果长期自我封闭，文明必将走向衰落。他说："我们应该以海纳百川的宽广胸怀打破文化交往的壁垒，以兼收并蓄的态度汲取其他文明的养分，促进亚洲文明在交流互鉴中共同前进。"

写这套丛书有两个目的：一是研究欧洲诸国实现现代化的历程，看看西方为什么会后来者居上，在历史发展中走在前面，它们在现代化道路上行走中有些什么经验和教训可为我参考。二是明白开放的环境、积极对外学习的态度有利于自身文明发展的道理。自我封闭是危险的，拒绝文明交流是愚蠢的。他山之石，可以攻玉。我特别喜欢费孝通老先生讲的一句话："各美其美，美人之美，美美与共，天下大同。"短短16字，说出了人类文明体应该互相尊重、互相学习，才能有利于文明发展的大道理。

第一章

佛罗伦萨

文艺复兴的报春花

一朵鸢尾花

文艺复兴是欧洲的一场思想解放运动，以国家而论，文艺复兴最早出现的是意大利，而最先发生的城市是意大利托斯卡纳的佛罗伦萨。正因为如此，我们的文化考察行程就要从佛罗伦萨开始。

让我们打开欧洲地图看一看，对意大利的地理位置先有一个大概的了解。意大利属地中海国家。地中海沿岸的国家拥有良好的气候。天空湛蓝，阳光充足，气候温和，是一块宜居的土地。人类最早的文明沿地中海沿岸一带发展起来，不是没有道理。

意大利的地理条件太好了。这是一个半岛型海洋国家，地处欧洲南部的国土像一条大腿深入海洋。这是一条修长的大腿，穿着一只长筒皮靴，而且是时髦的高跟鞋。鞋尖处是三角形的西西里岛。如果将西西里岛想像成一个足球，是不是预示着意大利天生就是一个善于踢足球的国家？意大利国土旁边的海域又有具体的名字，"大腿"东面是亚得里亚海，与东欧许多国家一衣带水；西边叫地勒尼安海，与法国共享；最南边又有一个突尼斯海峡，与非洲的突尼斯隔海相望。

佛罗伦萨位于意大利中部的托斯卡纳地区。托斯卡纳有"意大利灵魂"之称，是文艺复兴最早的诞生地。托斯卡纳风景优美，据

◉　佛罗伦萨全景

调查，除法国南部普罗旺斯外，这里是第二个受欧洲人欢迎的度假胜地。

　　佛罗伦萨（Firenze）是汉语音译。诗人徐志摩对于佛罗伦萨的名字另有一个翻译，叫"翡冷翠"；另一位诗人余光中不同意这种翻译，认为这个译名"不合真相"，因为佛罗伦萨"根本不冷，更不翡翠"。而我觉得徐志摩是对的。翡翠说的是多种色彩，翡为红黄暖色，翠为青绿冷色。"翡冷翠"偏向冷色，但也没有排除暖色。

　　我们一踏上佛罗伦萨的土地，立刻感觉到了这座城市不同凡响的美丽景色。这里的天空颜色像蓝宝石一样蓝，片片白云自由飘荡。乡间有大片修剪整齐的葡萄园，远处的丘陵地带有成片的森林。在灿烂阳光的照耀下，蓝天绿地之间突然闪现出一座美丽的城市。

　　城市里的房屋有暗红色的屋顶、白色灰色的墙面，绿色的大树点缀其间。清澈的阿尔诺河流穿城而过，给城市增添了几分秀气。佛罗伦萨的老城区被联合国教科文组织确定为世界文化遗产人类文化遗产，这里不见现代的摩天大楼，完美地维护着古罗马时期的格局，保持了中世纪城市原汁原味的风貌。

中国诗人看佛罗伦萨像一块精美的翡翠，而本地人认为自己的城市像鲜花，起了个"花之都"的名字（英语Florence，意大利语Firenze，是花的意思）。11世纪以来，佛罗伦萨的市徽就是鸢尾花（也有人说是"玉簪花"）的图案，不过颜色发生过改变，如今的市徽图案是白色背景里有一朵红色的花，导游说，古代时颜色相反，红色背景里有一朵白色的花。

花之都的名字名副其实，佛罗伦萨就是一朵文艺复兴开出的迎春花。

最美的中世纪城市

圣母百花大教堂

我们的观光行程始于佛罗伦萨的象征——圣母百花大教堂（Florence Cathedral）。

佛罗伦萨市中心有一个主教座堂广场，广场上耸立着三座华美精致的建筑物：杜奥莫大教堂、乔托钟楼和八角形的圣诺望洗礼堂。我们跟随着导游依次参观。

杜奥莫大教堂有巨大无比的圆顶，红色的瓦片，白色的棱线，在蓝天的衬托下无比好看；外墙用粉红色、奶油白、绿色三种颜色的大理石砌成，显得尊贵大气。圣母百花大教堂最大的特色就是这个大圆顶，它与罗马的万神殿的圆顶、梵蒂冈圣彼得大教堂的圆顶，并称古代欧洲建筑的三大穹顶。无论待在城区的哪个角落，一抬头总能看到像巨型大钟一样赭红色的大圆顶。

教堂的设计者是菲利普·布鲁内莱斯基（1377—1446），佛罗伦萨人。他是文艺复兴建筑师的先驱之一。属于那种精于绘画、雕刻、建筑、科技的全能型天才，被同时代人称为"绝无仅有的创新者"。圣母百花大教堂的圆顶是他最知名的建筑杰作。

○ 圣母百花大教堂最引人注目的是其巨大的圆顶，
是古代欧洲建筑的三大穹顶之一

　　布氏争取到圣母百花大教堂项目的故事智慧又曲折。那时候争取一项工程项目是要竞标的。如何把大穹顶建起来又在遇到地震等自然灾害时不让它倒塌？使这项任务极具挑战性。布氏对此胸有成竹。他在竞标会上，只是力争但不肯透露设计细节，防止被别人剽窃。面对主教的诘难，他拿出一个鸡蛋说："看谁能把它竖起来？"全场没有人表示能做到。只见布氏不慌不忙，拿起鸡蛋轻轻地敲碎一头，然后把鸡蛋立了起来。主教说，这种做法任何人都会做……布氏说："这是因为我把方法告诉了你……这就是我不能公布设计细节的原因。"主教恼羞成怒骂他是疯子，让警卫把他赶出去。尽管排除了布氏，还是没有人能够提出可行的建筑方案。10年里，布氏不断地上诉，最后总算遇到了一位明白的主事人，同意布氏做这项工程。

　　布氏的贡献当然不仅仅是设计方案，还要具体指挥施工，那时

⊙　圣母百花大教堂穹顶内的绘画极其精美繁复

的建筑师要完成创意、设计方案、指挥施工等全过程任务。他为建造大穹顶发明了专门的机械设备和巧妙的施工方法，保证完成了这项技术复杂、风险极高的工程。大教堂1296年动工，直到1436年才最终完工，工期140年。大教堂建设最大的难点在于攻克庞大圆屋顶（高达52米，直径达43.7米）所遇到的技术难题。布鲁内莱斯基先来到罗马万神殿学习借鉴，他仔细地研究了万神殿圆顶（跨度42米，高44米）的结构和建筑技术方法。在此基础上，结合运用中世纪哥特式建筑的结构知识，发展出了新的建筑施工技术。圣母百花大教堂是佛罗伦萨最为雄心勃勃的大工程，被誉为文艺复兴建筑的第一代表作，留名于世界建筑精品册。从此欧洲建筑从"哥特时代"进入了"文艺复兴时代"。

我们进入了大教堂。空间巨大，空空荡荡，从大圆窗和直方窗里漏进来的光线，将空间刻画成一些几何图形，充满了奇幻的景象。大教堂穹顶上有一幅《末日审判》的巨型壁画，由艺术巨匠乔尔乔·瓦萨里（1511—1574）精心创作。这也是一位重要人物，出生于托斯卡纳的阿雷佐。瓦萨里是文艺复兴时期著名的艺术理论家、建筑师和画家，是米开朗琪罗的得意门生。他写作了《艺苑名人传》一书，在书中第一次正式使用"文艺复兴"一词，因此他被誉为"西方第一位艺术史家"。

乔托钟楼

圣母百花大教堂主教堂右边有方柱形建筑钟楼，设计师是乔托，设计于1334年，所以得名乔托钟楼。钟楼的建设工期也长达几十年。只建完第一层乔托就去世了。由于乔托的设计十分完美，后来的建筑师都遵守了此设计方案。只是对屋顶做了改变，乔托设计的是高尖的屋顶，而我们眼前的钟楼屋顶却是平顶。细长如方柱的建筑主体加上尖顶，是典型的哥特式风格。

乔托钟楼十分壮观。楼高82米。整体呈四棱方柱形，楼的四角为圆柱形，让楼体更坚固。钟楼分为好多层，下部雕刻有各种各样的图案，显得十分华丽；上部有长长细细的窗户，增加了钟楼的通透。钟楼好像擎天柱，只要看过一眼就会令人留下深刻的印象。

乔托（1266—1337），佛罗伦萨韦斯皮亚诺村人。他是文艺复兴时期的一位巨匠，杰出的雕刻家、画家和建筑师，被视为西方的绘画之父。乔托留下来的作品不算多，而且画面多比较简单。亨德里克·房龙对此有评价。他说，乔托画出两三个人、一棵树，一扇窗，寥寥数笔就能表现出深刻的内容。他的这种画法与中国的写意画有相通的地方。但是乔托并没有接触过中国人，也没有得到或欣赏过任何中国人的作品，没有受到过中国画的影响。这只能说明东西方绘画艺术有"曲径通幽处"，只是这个洞口是很难发现的。
"虽然乔托不如拉斐尔或达·芬奇出名，但是他是所有这些艺术大

⊙ 乔托钟楼十分壮观，好似一座擎天柱

师的带头人。"（亨德里克·房龙《人类的艺术》，第227页）乔托
的代表作有《犹大之吻》《哀悼基督》等。他被誉为"欧洲绘画之
父"，是意大利文艺复兴时期的开创者和先驱者之一。

圣若望洗礼堂

　　圣母百花大教堂的对面是建于15世纪的圣若望洗礼堂，罗曼式
建筑风格，被公认为佛罗伦萨最古老、最漂亮的建筑物，但丁称它
为"美丽的圣若望堂"。洗礼堂除了造型优美、比例协调外，最突
出的特点是有三道镀金青铜门。正门由雕刻大师洛伦佐·吉贝尔蒂
创作。吉贝尔蒂（1378—1455年），托斯卡纳佩拉戈镇人，成长于
佛罗伦萨。他是文艺复兴早期的主要青铜雕刻家。他的作品，比例
协调，风雅大方，被同代和后代艺术家仿效。1401年，为建造洗礼

⊙ 圣母百花大教堂是一组复杂的建筑，由大教堂、钟楼
和八角形洗礼堂等组成

堂的青铜大门而举行的竞赛中，吉贝尔蒂胜出，这一年他23岁。创
作雕刻这道门花了20多年时间。铜门面上被分成10格，每个格子里
描绘一个《圣经》故事。因为门上的浮雕精美绝伦、惟妙惟肖，被
米开朗琪罗赞誉为"天堂之门"。因为这道门，40岁时的吉贝尔蒂
成为名扬天下的大艺术家。我们站在"天堂之门"前仔细观看，听
导游讲述门面上的故事，他说："金门每年复活节时才打开，主教
带着信徒们进入做礼拜。有这样的经历，以后上天堂就多了一张入
场券……"

　　教堂和乔托钟楼都有登高的楼梯，走上去可以看到佛罗伦萨全
城的美景。可惜导游不给我们登高的时间。我去佛罗伦萨是20多年
前的事，是我第一次到意大利，行程是走马观花式的安排。我当时
正值中年，腿力正健，走到哪里很喜欢登高望远。到圣母百花大教
堂没有登高成了我后来多年的遗憾。后来看到了《佛罗伦萨记》的

文章，上面详细记述了作者登高的过程，算是分享了他的经历，多少弥补了一些遗憾。据作者的描述，教堂登顶有463级台阶，钟楼有414级台阶，老人家竟然都登上去了，真是让人敬佩。他的体会是："登高，是检验自我的体能和意志，唯一的奖品是望远。"

文艺复兴式建筑

看完圣母百花大教堂的几个建筑，我们步行去看别的景点。走了几百米远就走到了西尼约里亚广场，该广场另有一个名字：执政长官广场，8个世纪里都是佛罗伦萨的政治与民事的中心。广场就是一个舞台，几百年的时光里在这个舞台上演出了多少威武雄壮的活剧和勾心斗角的权力之争。我们在这里见到米开朗琪罗的著名雕塑——大卫。出乎我的意料，大卫雕像非常高大，加上底座足有五六米高。我们站在他的脚下显得有些渺小。导游告诉我们说，这是一件复制品，真品收藏在学院美术。

市政厅办公的楼房就是一座历史名胜建筑，名叫维奇奥宫，人们一般称它为"旧宫"，因为这是佛罗伦萨一座古老的建筑，建于13世纪。虽然称作宫殿，但是整个建筑更像是一座碉堡。这里也有一座名为阿诺尔福塔的四方钟楼，塔身高达94米，塔顶上的垛口引人注目，让人想起战火纷飞的年代。中世纪的贵族家族建造这种堡垒式的宫殿，就是为了躲避强盗们的频繁袭击。后来显赫的美第奇家族买下这座宫殿作为住宅。

作为文艺复兴时代的名城，佛罗伦萨拥有65所华丽的宫殿、43个博物馆和众多教堂。除了前面说到的圣母百花大教堂和维奇奥宫市政厅大楼外，美第奇宫、皮蒂宫、斯特罗齐宫、鲁切拉宫等四座宫殿被公认为15世纪佛罗伦萨建筑的代表，堪称文艺复兴式建筑里程碑式的杰作，值得分别介绍。

美第奇宫是一座拥有正方形院子的建筑，高三层，粗糙的岩石

皮蒂宫是佛罗伦萨最宏伟的建筑之一，原为美第奇家族的住宅

墙让建筑显得厚重。后来美第奇家族将此宫卖给了皮卡尔迪侯爵，宫殿就相应地改为"美第奇—皮卡尔迪宫"。现在托斯卡纳州政厅。

　　皮蒂宫建造于1458年，是佛罗伦萨最宏伟的建筑之一。建造者是银行家卢卡·皮蒂。该宫先是由布鲁内莱斯基设计（就是前面说到的建造圣母百花大教堂大穹顶的那位设计师），后由阿马纳蒂扩建。庭院的后面是高高的博博利山丘，景色优美，是宜居之乡。

　　斯托罗齐宫是一座规模庞大的宫殿。建造者是银行家菲利浦·斯特罗齐。这个家族是美第奇家族的竞争对手，他建这座巨型建筑是为了在气势上压过对手。但是老斯特罗齐并没有享受到豪宅里的生活。该宫殿建于1489年，2年后老银行家去世，又过了37年到1538年，宫殿才竣工。设计者名叫贝内德托·达·米札诺。

　　鲁切拉宫建于1446年，5年建成。建筑风格如同角斗场，显得特别牢固；形成反差的是宫殿拥有极为宽敞的庭院，庭院里种满了鲜

花。所以该宫殿的另一个名称叫奥利切拉里花园。该建筑的建造者
是鲁切拉家族的主人贝尔纳多，靠经商发财。鲁切拉家族是佛罗伦
萨屈指可数的名门望族之一。宫殿的设计者是莱昂·巴蒂斯塔·阿
尔伯蒂（1404—1472）。他出生于热那亚。阿尔伯蒂是文艺复兴前
期的重要建筑理论家、建筑学科的奠基人之一，是又一位拥有作
家、诗人、哲学家、艺术家、建筑师等众多头衔的全才型人物。他
写的《论建筑》专著"在建筑学领域创造了一个同时代任何人都不
可超越的理论基础"。我国翻译了这本书、2013年出版，编入《西
方建筑理论经典文库》丛书。

这几处著名宫殿拥有一致的审美原则和建筑风格：粗糙的岩石
筑墙、均衡对称的结构、对线条的强调、拱门的大量采用、宽敞的
庭院……继承了罗马建筑的传统，借鉴了哥特式建筑的长处，从而
创造出了一种文艺复兴式的新风格，成为世界建筑史上的重要流派。

文坛三杰发清音

事情是靠人做的，拥有人才是发展事业的第一要素。佛罗伦萨拥有众多人才，他们或者出生于斯、长于斯，或者发展、成功于斯，人才多如过江之鲫，美如星汉灿烂，从而让佛罗伦萨成为文艺复兴的新花。

佛罗伦萨的人才队伍有两个特点：一是数量众多，各行各业都有出类拔萃的人物；二是人才多属全才型，一个人在多个领域表现出色。具体有"文坛三杰"和"艺术三杰"两个三杰的说法。文坛三杰也被称为"文艺复兴三颗巨星"，具体是但丁、彼特拉克、薄伽丘三人；"艺术三杰"是达·芬奇、米开朗琪罗和拉斐尔三人。

无法回家乡的但丁

到了佛罗伦萨，但丁的故居一定要去的。但丁故居在圣玛格丽大街1号一段鹅卵石铺路的小巷里，是一栋3层的砖屋。临街的墙上的一张海报上有但丁的侧面像，海报下面的墙面上安放有一座但丁的半身铜像。故居的陈列馆有7间房，里边的文字、图片和遗物讲述了但丁一生的坎坷经历。

◉ 诗人但丁雕像

但丁的全名叫但丁·阿利基耶里（Dante Alighieri，1265—1321），出生于佛罗伦萨一个没落的贵族家庭。他成年后，正遇佛罗伦萨政坛竞争激烈，受"白党""黑党"两派斗争的牵连，被政敌放逐，流浪国外。在苦闷和悲愤之中，他写下了著名作品《神曲》，抨击黑幕，针砭时政，挖苦仇敌，追求光明，成为风靡世界的名著。

《神曲》中有一个人物非常有意思，她的名字叫贝阿特里斯。这位美女是佛罗伦萨人。当年年轻的但丁在街上行走时偶然碰到了她，一见钟情，"紧张得心脏都要跳

◉ 但丁出生的老房子

⊙ 装饰墙表现但丁与他的《神曲》

出来了，而美女似乎并没有注意到但丁的存在"。但丁遇见贝阿特利斯的情景曾被一位名叫哈里代的英国画家画在一幅油画里。这是但丁的初恋，但绝对是那种柏拉图式的精神恋爱。后来这位美女嫁人，并不幸地死去。但是但丁一直记着她，并且在她的引导下游历了"地狱""炼狱"和"天堂"。

《神曲》长达14000余行。但丁在诗中梦游"地狱""炼狱"，历经千难万险，最后抵达"天堂"，惊人的想象力和深邃的思想前无古人。但丁在写《神曲》时采用的是托斯卡纳的方言，这是了不起的创举，以前从来没有人这样做过。当时意大利的上流社会里，无论说话写作都用拉丁语；虽然回到家里可能也会说不同的方言，但是方言是不登大雅之堂的。这种情况大概有点像古代中国的文言文和口语的区别吧，老百姓说口语，知识分子写文章一定要用文言文。

但丁不理上流社会的这一套。他用托斯卡拉的方言写书，写作过程中自然也会规范遣词用句、提高方言的表达能力。但丁的尝试为后来意大利文学语言的形成奠定了基础。而用方言写成的《神曲》自然阅读者众多，产生了巨大的社会影响。因此，学界评价但丁是现代意大利语的奠基者、欧洲文艺复兴时代的开拓人物，是最杰出的诗人。

但丁被放逐20多年。由军人掌权时，政府曾经放出话来：如果但丁肯缴纳罚金、游街一周，可以免罪回国，但丁回答说："我能以这种方式回国吗？与让自己的名誉损害相比，我宁可终身不再踏上佛罗伦萨的土地！"1321年，56岁的但丁客死他乡，在意大利拉韦纳去世。但丁有一句名言："走自己的路，让别人说去吧。"这句话既符合他坎坷的经历，也颇为传神地显示出他宁折不弯的性格。

但丁去世后他的遗体被拉韦纳人安葬在市中心圣弗兰切斯科教堂广场上。佛罗伦萨市政当局提出把但丁的遗体迁回故乡，遭到拉韦纳人的拒绝。1829年，佛罗伦萨在圣十字教堂为但丁立了墓碑和雕像，同时把教堂前的广场命名为"但丁广场"。这时，离但丁辞世已经过了500多年。

放歌新时代的彼特拉克

弗兰齐斯科·彼特拉克（Francesco Petrarca，1304—1374），出身于佛罗伦萨的名门望族。父亲是法律界人，受到当地"白党""黑党"政治倾轧影响，也被放逐外地。彼特拉克出生于托斯卡纳阿雷佐。少年时随父亲流亡到法国阿维尼翁，教皇曾居此地近70年，使该地也曾成为基督教世界的中心。可能就是这段经历，既为彼得拉克学习基督教神学的精义知识提供了良好的教育条件，也种下了他后来对神学反戈一击的种子。

彼特拉克自幼酷爱文学。虽然他尊重父亲的愿望，选择学习法律专业，后来又进入宗教界成为一名教士，但是他始终没有放松读书写诗。1338年开始，他用4年时间，创作了叙事史诗《阿非利加》，这部作品使他名声大噪、蜚声诗坛。37岁时罗马元老院和巴黎大学授予他"桂冠诗人"的称号。古代罗马给予文人最高声誉的这个称号，已经中断了1300多年，如今在彼特拉克身上复活。

人类美好的情感是彼特拉克批判教会陈腐思想的有力武器，他一生写下了366首爱情诗，收集在他的代表作品《歌集》中。诗歌语言清新，感情真挚，风格活泼，一扫中世纪诗歌那种隐晦寓意、神秘象征的写法，在欧洲诗坛上刮起了一场新诗的旋风。《歌集》中有317首十四行诗，这是他发明的一种新诗体，后来风靡欧洲。彼特拉克写作与但丁截然不同，但丁喋喋不休喜欢讲中世纪的旧事情，而彼特拉克"歌颂爱，歌颂自然，歌颂永远新生的太阳"。喜欢说新事物、新话题的彼特拉克大受欢迎，"每当他莅临某个城市，全城的男女老少都蜂拥去迎接他"。（亨德里克·房龙《人类的故事》，第235页）

彼特拉克将自己的文艺学术思想称为"人学"，与"神学"划清界限。他大声疾呼："让古代学术复兴！新的语言，新的文学风格，新的道德思想。"由此彼特拉克得到了文艺复兴的发起者、"人文主义之父"的称号。

曾经看到过许多文章，称彼特拉克为"欧洲人文主义之父"。称作"父亲"应该是"第一人"的意思。这让笔者感到疑惑。但丁与彼特拉克，究竟谁为"之父"更合适呢？论年龄，出生于1265年的但丁比1304年的彼特拉克年长39岁；论作品，《神曲》的影响远远超过《诗集》；论对文化的贡献，彼特拉克发明了"十四行诗"的新格式，这种诗体被后来的新诗人们发展成为欧洲诗歌的一朵奇葩。但丁做的事情更加重要，他开拓了用方言土话写作的路子，而但丁规范过的托斯卡纳方言后来又成为意大利民族语言的基础。但丁推广新的文学语言，重塑了民族的文化面貌，这有划时代的意义。因此无论从任何角度说，但丁更应该排在前面。

为什么会有彼特拉克为欧洲"人文主义之父"的说法呢？这

可能因为恩格斯说过的一句话。恩格斯评价说："封建的中世纪的终结和现代资本主义纪元的开端，是以一位大人物为标志的，这位人物就是意大利人但丁，他是中世纪的最后一位诗人，同时又是新时代的最初一位诗人。"我与一些学者讨论过恩格斯的这句话。一种意见认为："这句话说明但丁是一位从旧世界到新世纪的过渡人物，他的《神曲》是以基督教文化框架来写的，虽然里面写了一些新人物、新思想……因此难负'之父'大任。"但是，我反复读恩格斯的话，感觉不同，这句话其实充分肯定了但丁的历史角色，说他是"新纪元开端的大人物"可能更准确。

如果说从旧世界到新世界的"过渡"，谁又不是这样呢？就像生命的出现一样，从鸡蛋变成了小鸡，在破壳以前算旧世界，破壳出来算新世界，再短也有"过渡"时间。而思想的变化过程更加复杂，人就算进入了新世界，旧思想并不会消失，有可能终身存在，在有些条件下，旧思想甚至有可能继续主导人的行动。

以彼特拉克为例，他也是一位"过渡人物"。他鞭挞教廷的虚伪，但又长期在教廷担任要职；大胆追求爱情和幸福，但有时又认为这是邪恶的根源。人不可能脱离自己的生活环境，人所处的时代会给他打上深刻的烙印，无论谁都是一样。因此揣摩恩格斯的话，我觉得他说话的本意是认为但丁更符合"之父"的资格。

会讲故事的薄伽丘

乔万尼·薄伽丘（Giovanni Boccaccio，1313—1375），佛罗伦萨人。他父亲是一位商人，薄伽丘是父亲与一个法国女人的私生子，因此薄伽丘也许出生在法国。父亲让他学习经商，但他却不入门；后来又让他研习法律，他也没兴趣。薄伽丘自幼喜爱文学，显露出很高的天分。

薄伽丘的代表作是《十日谈》。该书说的是1348年佛罗伦萨黑死病肆虐时，有10名男女青年到乡村避难。为了度过恐怖和寂寞的时光，大家轮流讲故事。每人每天讲一个，10天里共讲了100个故事，这当然是作者为叙事而想出的一个框架结构。通过讲述故事，抨击教会的黑暗，揭露僧侣的伪善，宣扬人享受爱情和幸福的权利，传播追求自由的思想，故事集里贯穿始终的是一条人文主义思想的红线。这是一部思想性、文学性、艺术性俱佳的作品，对欧洲文学的发展产生了深远的影响。《十日谈》是欧洲文学史上第一部现实主义作品，打出了"幸福在人间"的旗帜，因而被视为文艺复兴的宣言书。当时有人称《十日谈》为"人曲"，与但丁的《神曲》并列，由此可见《十日谈》的文学地位。

特别值得一说的是薄伽丘与彼特拉克的友谊。薄伽丘崇拜彼特拉克，两人一见如故，相谈甚欢，相见恨晚。彼特拉克辞去教皇秘书职务后赋闲在家，薄伽丘荐举他到佛罗伦萨大学讲学，帮了个大忙。作为人文主义一条战壕里的伙伴，两人总是彼此支持、相互帮忙。1374年，年长9岁的彼特拉克去世，这对薄伽丘打击很大。第二年薄伽丘也逝世了。

佛罗伦萨的"文坛三杰"，在时间轴上奇妙地形成了递进关系。但丁1265出生、1321年谢世，算是大哥；彼特拉克1304年出生、1374年谢世，算二哥；薄伽丘1313年出生、1375年谢世，为小弟。大哥比二哥大39岁，二哥比小弟大9岁。年龄上形成层次有好处，有利于最初萌芽中的人文主义文学事业的传承发展。这种状况就像田径比赛的接力赛，一棒一棒接力有后劲。佛罗伦萨的人文主义文学之所以能够成为欧洲文艺复兴的先声，这三位文学大师功不可没。

佛罗伦萨在文艺复兴后期还有一个"三杰"，名叫"美术三杰"，名气更大，响彻寰宇，留名青史。他们的故事后面再讲。

乌菲齐美术馆里的波提切利

现在接着我们在佛罗伦萨的旅游路线继续前行。看完圣母百花大教堂建筑群后，南行穿过共和国广场，经过市政厅维奇奥宫，我们来到了大名鼎鼎的乌菲齐美术馆。美术馆所在的乌菲齐宫原来是美第奇家族办公的地方。"乌菲齐（意大利语Uffizi）"一词即"办公厅"的意思。

乌菲齐美术馆以收藏欧洲文艺复兴时期的美术作品为主，兼收其他。欧洲美术界代表人物达·芬奇、米开朗琪罗、拉斐尔、波提切利、丁托列托、伦勃朗、鲁本斯、凡·代克等人的作品都有收藏。还收藏有古希腊、古罗马的许多雕塑，所以该馆有"文艺复兴艺术宝库"的美誉。

参观时间有限，我们主要看了达·芬奇、米开朗琪罗和拉斐尔等人的作品。他们三人是"文艺复兴后三杰"，也被称为"美术三杰"。虽然"三杰"都是佛罗伦萨人，或者跟佛罗伦萨有关系；但是他们的主要作品并不在佛罗伦萨，他们的代表作珍藏在梵蒂冈的圣彼得大教堂和法国的卢浮宫里。因此我想后面再介绍他们的事迹，这里先说另外一位能够代表文艺复兴精神的大画家和他的两幅画，这就是波提切利和他的《春》与《维纳斯诞生》。

◉ 乌菲齐美术馆有"文艺复兴艺术宝库"的美誉

波提切利的本名叫亚历山德罗·迪·马里亚诺·迪·万尼·菲利佩皮，是一个很复杂的名字。波提切利是他的绰号，意大利语的意思是"小桶子"。波提切利（Botticelli, Sandro，1445—1510）生于佛罗伦萨，幼随金银匠学艺，后成为僧侣画家利波利比的门徒。他被公认为15世纪末意大利佛罗伦萨杰出的画家，其艺术创作复杂而丰富，最具个人风格，擅长表现情感。波提切利是欧洲文艺复兴早期佛罗伦萨画派的最后一位画家，又是意大利肖像画的先驱者。他出名后一生承接了大量教会订件，也为罗马教皇西斯廷礼拜堂作画。他还为但丁《神曲》画了大量插图，那些精美、洗练的线条描绘技法是当时书籍插图中仅有的杰作，与《神曲》名著一起流芳百世。

美术馆中收藏了波提切利20多幅作品。最著名的当属《春》和《维纳斯的诞生》，观赏这两幅画的观众最多。这两幅作品是他艺术成熟的代表作。《春》创作于他23岁时。这是一幅巨幅大画，画中的人物大小与真人相仿，因此很有感染力。至今我还能想起来当时看这幅画时被冲击的感觉。全馆没有一幅画能像这幅画充满了欢乐浪漫的气氛，就像听到清脆的竖琴声深深拨动人的心弦。春天来了。站在中间的女神维纳斯用爱和美创造出新境界。天空中的小爱神丘比特在寻找对象准备射出爱情之剑。左边的美丽、青春和欢乐三位女神携手共舞，她们身上薄如蝉翼的纱衣随风飘扬，让人惊叹画家画笔的的魔力。右边的花神正在撒播鲜花。仙女们的头顶的树冠上长满了累累果实；脚下的草地上洒满了重重的花瓣。好一幅春满人间的美好画面。

《维纳斯的诞生》创作于作者40岁时。这幅画取材于意大利诗人波利齐亚诺诗歌中的一段故事。画中的维纳斯踩着贝壳，随波涛飘到塞浦路斯。左面的天空中有男女两位神仙，鼓起嘴唇吹出清风，护送维纳斯；右面一位丽人手举一件华丽长袍迎接维纳斯。因为维纳斯是裸体，身披长长的金发，亭亭玉立于贝壳上，害羞的她用双手护住了自己的羞处。虽然画的是美女裸体，但只有美感，大师的妙笔不得了。

就凭这两幅画一下子奠定了波提切利西方美术大师的地位。美术馆里观看这两幅画的观众最多，说明了两幅画具有动人心魄的魅力。我在想，这两幅画如此吸引人，打动人，除了爱美之心人人皆有之，极唯美的画面自有动人之处外，在思想上也一定有穿透力极强的力量。这股力量是什么呢？《春》，作者暗示或者提醒人们，欧洲已经走出了中世纪的严冬，春天吹拂人间大地，万物苏醒，春暖花开，神布下的迷雾已经散去，活泼的人性苏醒了，预告着人文主义的横空出世。而《维纳斯的诞生》，乍露的美丽裸体女人的形象像重锤一样，把中世纪的瓦罐打得粉碎，人们就是在这个黑暗的罐子里摸索了上千年。连女神维纳斯都被吸引由天降临，把爱和美带到了人间。总而言之，这两幅画是与中世纪诀别的告别信，是人类重新回到美好生活中的宣言书！

文艺复兴时代到来了。

美第奇家族的传奇

僭主美第奇

在佛罗伦萨无处不会看到美第奇家族留下的痕迹。余秋雨先生参观佛罗伦萨后写了一篇《城市的符咒》，说的就是这种感觉。他写道："第一次来佛罗伦萨时就对一件事深感奇怪，那就是走来走去总也摆脱不了这几个字母：MEDICI（美第奇）。像符咒，像标号，镌在门首，写在墙面，刻在地下，真可谓抬头不见低头见，躲来躲去躲不开。"

这是因为该家族在佛洛伦萨繁衍300年（1434—1737年），而又执政60年，从而给这个城市深深地打上了他们家族的烙印。

据说美第奇是一名骑士的后裔。公元8世纪时，该骑士为查理曼打天下立下了汗马功劳，被查理曼大帝分封在佛罗伦萨。美第奇家族起初可能以外科医生为业。在拉丁语中"美第奇"就是"医生"的意思。

该家族第一个被载入佛罗伦萨政治史的是萨尔韦斯特罗·美第奇。他曾经任佛罗伦萨市的"正义旗手"（城市的最高司法长官）。他曾当选为市政委员会主席，但后来民选政府垮台，他被逐出佛罗伦萨。

美第奇家族在乔凡尼·美第奇时期重新兴盛。乔凡尼是一位银行家，成为佛罗伦萨的首富。此时的美第奇家族算得上是欧洲最富裕的家族。他们的银行和当铺遍布所有重要的商贸中心城市。乔凡尼的儿子名叫科西莫·美第奇。金钱会对权力提出要求。富裕起来的美第奇家族必然要染指政治。1434年，科西莫在佛罗伦萨操办僭主政治，他成为佛罗伦萨事实上的国王。科西莫的孙子名叫洛伦佐·美第奇。1469年时他也成为佛罗伦萨的僭主。这种情况让罗马教皇不满，他发起暗杀行动。洛伦佐的弟弟朱利亚诺被刺死，而命大福大的洛伦佐只是受伤躲过一劫。后洛伦佐在市民的支持下反击教皇，稳定了政权。

1532年，佛罗伦萨几经曲折，共和国最终变成托斯卡纳大公国，成熟的果实终于落到了美第奇家族手里。美第奇家族的统治一直延续至1737年，吉安·加斯托内·美第奇是最后一任托斯卡纳大公。他1737年逝世后由于无后嗣，大公国绝国，佛罗伦萨归于法兰西加洛林王朝。而此时的托斯卡纳失去了往日的辉煌，变成了一个贫困荒凉的地区。沧桑巨变，令人唏嘘。

美第奇家族与罗马教廷的关系十分有意思。开始由于教皇干预佛罗伦萨的政治，美第奇家族是反对教皇的。后来在斗争中发现教皇的势力确实很大，要想对策。有句话说得好：既然斗不过它，就干脆加入它。识时务者为俊杰。于是美第奇家族干脆不断地培养自己人当教皇。美第奇家族后代出过4任教皇：

乔瓦尼·安吉罗·美第奇为庇护四世。

乔凡尼·洛伦佐·美第奇为教皇利奥十世。

朱利奥·朱利亚诺·美第奇为教皇克莱门特七世。

亚历山德罗·奥塔维亚诺·美第奇为教皇利奥十一世。他当上教皇时已70多岁，在教皇位置上只待了短短27天。

以上4位教皇中，利奥十世为文艺复兴作出的贡献最大。他既挥霍公款，也慷慨动用私财，加速圣彼得大教堂工程进度，增加梵蒂冈藏书，使罗马再度成为西方文化中心。

文化资助者美第奇

美第奇家族在欧洲历史上留有大名，并不全因为执政，而是由于对科学艺术事业的全力支持。美第奇家族里出现了许多酷爱艺术的成员，他们有极高的艺术鉴赏力，愿为艺术一掷千金，使得佛罗伦萨一时间成为艺术的海洋。由于有美第奇家族，佛罗伦萨才能在文艺复兴时期脱颖而出，远远地走在前面，载入青史，流芳百世。有一句话说得好："不能说没有美第奇就没有意大利文艺复兴；但没有美第奇家族，意大利文艺复兴肯定不是今天我们所看到的面貌。"美第奇成了佛罗伦萨的一个文化符号，深深地镌刻在这座城市身躯上。

美第奇家族对文化的支持是方方面面的。

一是投巨资修建宫殿及文化设施。

其中包括皮提宫、波波里庭院和贝尔维德勒别墅等。宫殿修好了，不能只是一座空房子，必须要大量采购雕塑和绘画作品。这些建筑不仅成为城市的著名景点，而且其中的一些设施成为博物馆、美术馆。例如，乌菲兹美术馆如今是佛罗伦萨最重要的艺术馆。

二是慧眼识才对艺术家伸出援手。

美第奇家族的许多人有很高的文化艺术的鉴赏力，因此能够慧眼识才并真心地支持他们的工作。最典型的一个例子就是对布鲁内莱斯基修建圣母百花大教堂的支持。布氏被排挤后，先是由乔凡尼·美第奇委任为大教堂建筑师，后来在科西莫·美第奇（乔凡尼之子）的继续支持下完工。波提切利也是美第奇家族最宠爱的画师，他创作的代表作《春》和《维纳斯的诞生》，就是受洛伦佐的堂兄的委托而作，挂在家族的乡村别墅里。

米开朗琪罗尤其得到了美第奇家族的青睐。洛伦佐·美第奇最先注意到了才华早露的米开朗琪罗，让这个14岁的少年出入家族的宫殿，学习观摩大量的艺术品，并让他与当时最有名望的学者、诗人交往，大大开拓了米开朗琪罗的艺术视野。米开朗琪罗成名后，教皇利奥十世委托他为美第奇家族建造陵墓，这项工程断断续续进行了15年。在这里米开朗琪罗创作出了著名的《昼》《夜》《晨》《暮》四座雕像，还有特别反映出洛伦佐·美第奇气质的雕塑等。

三是热心支持文化艺术教育。

科西莫·美第奇将家族的一栋别墅用来开办"柏拉图学园"。像雅典时期的柏拉图一样，通过兴办学园，聚集人才，教授知识，传承文化。当时拜占庭帝国正在衰退，学者们纷纷离开君士坦丁堡来到佛罗伦萨，学园是一个好的落脚处。在这里能够饱尝科西莫提供的豪华美食，听到学识水平最高的演讲，安心讨论学问，思考问题。学园搜集了大批图书、手稿，这些资料对公众开放，方便学者们进行研究和民众阅读。盐野七生评价说："使科西莫·美第奇留名后世的是他所培育的学问、艺术。没有人会像他这样资助，什么都让人收藏，什么都让人建造。"由于科西莫对文化的巨大贡献，在他于1464年去世时佛罗伦萨市民决定授予他"祖国之父"的尊称。

后来的科西莫一世·美第奇（注意这是另外一个科西莫，美第奇家族的后代）资助乔尔乔·瓦萨里于1562年创办蒂亚诺学院，即如今的佛罗伦萨美术学院，这是欧洲最早的美术学院之一。乔尔乔·瓦萨里（1511—1574）终身服务于美第奇家族。

四是慷慨资助科学家、文化人，这一点最为人称道。

美第奇家族对佛罗伦萨的科学家、艺术家们给予了大量的资助。特别是洛伦佐·美第奇（他是老科西莫的孙子）更是出手大方，被称为"华丽公爵洛伦佐"。洛伦佐赞助过达·芬奇、米开朗琪罗、波提切利等大艺术家。他本人就是著名的诗人和艺术评论家，身旁聚集着当时最优秀的学者、文人和艺术家。

美第奇家族资助过许多科学家，包括伽利略。由于这个原因，伽利略使用望远镜（这是他发明的）观察天空时发现了许多小恒星。他发表了研究成果，出版书时将其献给了自己的学生（这是当时的一种风气）。这个学生正是佛罗伦萨大公斐迪南·美第奇二世。

还有一个皮耶罗·美第奇（他是老科西莫的儿子）赞助艺术家的故事十分有趣。佛罗伦萨有一位名叫多纳泰罗的雕塑家，他名声远播，无人能及。老科西莫一直赞助他，去世前更是在遗言中写明将一栋郊外农庄赠给他。这座农庄收入丰厚，足以使多纳泰罗专心创作不用担心生计。皮耶罗忠实执行了父亲的遗言。多纳泰罗也十分高兴地接受了馈赠。不到一年，多纳泰罗来找皮耶罗说要归还农庄。皮耶罗惊讶地问缘由。雕塑家回答说："农庄太让人操心了！三天刮一次风，鸽舍的顶篷会被刮跑；暴风雨一来，葡萄园便乱七八糟；要喂养家畜；还要去纳税……我成天担心果园，哪还能有精力安心创作？管理农庄太麻烦，我还不如在贫穷中死去的好。"皮耶罗听后大笑。他收回了农庄，但指示管家每周计算农庄的收益，把收入的钱汇入多纳泰罗的银行账户。这下子多纳泰罗才真的心满意足了。（盐野七生《佛罗伦萨的兴亡》52页）

正是因为有像美第奇家族这样的文艺资助者，将一批大师级的艺术人才吸引到这座城市里，才让佛罗伦萨成为欧洲文艺复兴运动的发源地和中心。这座城市不仅在绘画、雕刻、建筑、音乐等多个艺术领域均有突出成就，而且诗歌、历史、哲学、政治理论等方面也居于意大利各邦前列。美第奇家族也因此有了"文艺复兴教父"的美誉。

科西莫·美第奇说过的一句话表达了美第奇家族赞助文艺事业的动机。他说："我懂得这座城市的心情。我们美第奇家用不了50

年就会被赶走，但'东西'会留下。"睿智啊，科西莫·美第奇！他真正看透了社会，吃透了人生。他知道政治像云彩一样会被风吹散，财富会像水库里的水一样大旱之年会流尽，只有文化能留下来，就像阿尔卑斯山一样任风吹雨打屹立不倒。

为什么是佛罗伦萨

历史悠久的城市

佛罗伦萨的历史有两千多年了。据说佛罗伦萨是由当年的罗马皇帝恺撒建立的，"佛罗伦萨"这个名字也是他起的，"佛罗伦萨"拉丁文的含义是"繁荣、昌盛"。西罗马灭亡后，5世纪末佛罗伦萨臣服于东哥特王国。6世纪中叶又为东罗马帝国所统治，下半叶为伦巴德王国征服。8世纪末并入法兰克王国。10世纪属神圣罗马帝国。1115年始成为独立的城市公社。1187年击败神圣罗马帝国赢得自治权，成为独立的城市共和国。

14世纪，佛罗伦萨强大起来后开始对外扩张。先后征服了西北方向的皮斯托亚、西南方向的沃尔泰拉、东南方向的阿雷佐。15世纪初又向西征服了比萨。这是数世纪来佛罗伦萨梦寐以求的目标，因为得到海岸城市比萨就打通了通向地中海的出海口，佛罗伦萨由此成为托斯卡纳地区的霸主。

就是在15世纪中叶，美第奇家族开始执政。60年里，美第奇家族的政权被推翻、成员被放逐；但他们又卷土重来，夺回政权。1569年，美第奇家族在西班牙的支持下，建立了托斯卡纳大公国，结束了共和国。1739年起，佛罗伦萨被奥地利所统治。1861年后成为意大利王国的一部分。

文艺复兴的领军者

如果要问文艺复兴运动为什么最早从佛罗伦萨开始，并且在一段时间里它成为欧洲文艺复兴的重镇？大概有地理位置、经济繁荣等方面的原因。

优越的地理位置。

打开世界地图可以看到，地中海是世界最大的陆间海，被称为"西方文化的摇篮"。地中海水路航运便利。东北边通向黑海；西边通过直布罗陀海峡与大西洋沟通；东南边自修建苏伊士运河后与红海沟通，地中海沿岸国家和地区间航行就更方便了。自古以来地中海一直是沿岸人民来往和贸易的重要水道。

意大利地处地中海中北部，地理位置更为优越，便利的交通为意大利提供了发展经济的良好条件。威尼斯、那不勒斯、热那亚、比萨等几个沿海的商业城市由于海上贸易发达而日益富裕起来。造船、仪器、航海技术的不断发展，为大规模开展海上贸易提供了条件；意大利复式簿记的发明更让随时确定商业上的财务情况成为可能。这一切有利于城市商业的发展，使意大利最先出现了资本主义的萌芽。

独立自由的政治体制。

政治上的独立是一个国家经济发展的政治前提。15世纪时意大利出现的几个城邦国家，其最大的特点就是政治体制的独立。佛罗伦萨共和国最好的时期是洛伦佐·美第奇的时代，从领导人到民众都致力捍卫佛罗伦萨的独立和自由，捍卫同一个文明圈中的意大利的独立和自由。

到了后期，佛罗伦萨越来越受到附近崛起的法国、西班牙等大国军事入侵的威胁。这时候的佛罗伦萨出现了一个政治理论家——马基雅维利。他写了一本《君主论》的书，为当权者出谋划策。尼可罗·马基雅维利（1469—1527），佛罗伦萨人。他是意大利政治思想家和历史学家，是近代政治思想的主要奠基人之一，其思想被概括为马基雅维利主义。《君主论》是一本名副其实的惊世骇俗之书，对欧洲的政治思想产生了极为重要的影响。马基雅维利代表的是新兴资产阶级，他主张结束意大利在政治上的分裂状态，建立强大的中央集权国家。书中有许多赤裸裸的直白，例如他说："君主必须既是一头狐狸来识别陷阱，又是一头狮子来制服豺狼……当一个深思熟虑的统治者遵守信义反而会损害自己的利益时，他就绝不应该遵守信义；或者当时自己许下诺言，其理由现在看来已不复存在时，作为一位聪明的统治者绝对不能够遵守信义。"他不假掩饰说出的这些话，让当权者看了心惊肉跳，却又觉得无比实用。

他最著名一句话是"为了达到一个最高尚的目的，可以使用最卑鄙的手段"。这句话让他留名后世，也给他留下了历史的骂名。但是对这些话，赞成也好，反对也好，鄙视也好，只是说明了一个事实，对政权的判断标准从以上帝规定的道德说教，变成了人的实际利益、利害关系。这说明马基雅维利主义是文艺复兴春风雨露催生的青苗、人文主义思潮培育出的果实，从中可以感觉到历史向前走动的脚步。

从佛罗伦萨的历史发展看，当政权保持独立自由时，国家就出现一派繁荣兴旺的景象；而当政局不稳、社会混乱时，佛罗伦萨就走向了衰亡。相比之下，威尼斯的政体状况好得多，实行的是一种适合本国社会状况的贵族寡头制度。因此威尼斯一直保持着政治上的稳定，让国家延续了千年之久。

异常繁荣的经济。

佛罗伦萨虽然不靠海，但是离海洋不算远，统治比萨后更是打通了出海口。佛罗伦萨最先兴旺起来的是毛纺织业。13世纪初出现了羊毛商、丝绸商、呢绒场主、毛皮商、银钱商、律师、医生等7个大行会。14世纪30年代，纺织业由传统的行会生产转变为工场手工业，这是欧洲最早出现的资本主义萌芽。这一时期佛罗伦萨的呢绒纺织工场多达200多家，年产七八万匹呢绒。纺织业和手工业的发达，带动了商业、银行业。佛罗伦萨的铸钱业兴盛起来，铸造的佛罗林货币流通欧洲。14世纪后，佛罗伦萨成为欧洲最大的金融中心，银行家甚至承包了替罗马教廷收税的业务。

亨德里克·房龙讲述了佛罗伦萨兴起的故事，其中一个商业原因与中国的丝绸有关。丝绸是古代中国对人类世界的巨大贡献之一，成为东西方贸易最主要的商品，"丝绸之路"由此出现。但是欧洲人对"蚕吐丝"始终搞不明白。大学问家亚里士多德甚至在写的书中想当然地认为蚕是"有犄角的虫子"。古罗马人不知道蚕丝是蚕吐出来的，还以为是树上长出来的"黄色的丝絮"。直到公元6世纪，蚕吐丝的秘密才被西方破解。有两个波斯的僧侣受东罗马皇帝查士丁尼的派遣，专门来中国偷偷学习养蚕技术。为此他们在中国生活学习了10多年，把蚕种装在空竹筒里偷带回国。文艺复兴后，欧洲人对蚕丝的需求十分强烈，以穿丝绸衣服为时尚。丝织业成为一项有利可图的行业。于是佛罗伦萨、米兰、威尼斯等地的商家纷纷投入大量资金经营丝绸业。"仅依靠丝织业和毛纺织业的收入，佛罗伦萨就成了中世纪欧洲最富有的城市之一。"

这里的商人赚钱还有一个渠道。佛罗伦萨地处交通要道，每天都有成千上万来自欧洲各地的朝圣者。他们需要在佛罗伦萨吃住，还要在这里兑换货币以便在罗马使用。于是佛罗伦萨城门外的马路上，到处都有兑换钱币的矮桌子，倒卖货币的商贩坐在那里换币赚钱。日复一日，年复一年，集腋成裘，滴水穿石，"佛罗伦萨

⊙ 韦奇奥桥不仅是一座桥，也是一条街，一个市集，
是佛罗伦萨市的地标之一

终于成为了欧洲最大的金融中心"。（亨德里克·房龙《人类的艺术》，第220页）

　　我们从乌菲茨美术馆出来，沿着亚诺河来到了一座名为韦奇奥的桥，看到了繁荣的市场景象。该桥是佛罗伦萨最古老的桥，因此被当地人称为"老桥"（意大利语中的"韦奇奥"就是"老桥"的意思）。古罗马时建的石头桥被一次特大洪水冲毁，1345年重建此桥。由3座拱形桥墩支撑的桥体显得十分坚固，宽阔的桥面两侧是众多的商铺，热闹非凡。据说老桥重建后的商铺，在长达200年时间里，多数是肉铺和皮革商铺。肉案子上摆满了羊肉、鸡肉和兔肉等，屠夫们根据顾客的需要分割肉类，没人要的骨头、碎皮肉被随手丢弃到河水里；有的店员在店铺前冲洗肉，血水流满了桥面，臭气熏人。1593年，已经成为托斯卡纳大公的美第奇认为韦奇奥桥太脏太臭，太不像话，加上大公正在为女儿嫁给法国国王的婚事做准

备，女儿出嫁时的车队会从这座桥上通过，太有碍观瞻，于是决定强行搬迁肉铺，全都改成经营首饰珠宝工艺品的商店，彻底改变了"老桥"的模样。如今我们眼前的"老桥"是一条繁荣的商业街，桥上人来人往、人声鼎沸；金银商店灯火通明、珠光宝气；数间银行窗明几净、富人进进出出。"老桥"的变化，实际上反映出佛罗伦萨的经济起飞和转型。

近代大学的诞生地

近代大学出现在托斯卡纳一带，这可能要算意大利人最有创意的一件事情。这可能是佛罗伦萨成为文艺复兴发生地的重要原因之一，可以说是佛罗伦萨对人类文明做出的最大贡献。

人类文明发展史上出现的现代意义上的大学是哪一家呢？是创建于1088年的意大利博洛尼亚大学。这是全世界第一所近代大学，被誉为"欧洲大学之母"，它与法国的巴黎大学、英国的牛津大学、西班牙的萨拉曼卡大学并称欧洲四大名校。

最早的大学出现其实是比较简单的事情。一个有学问的人站在大街广场上，讲述自己的学问，他思想丰富，语言有趣，讲得很生动。吸引一些人围拢上来听他说些什么。慢慢地，一些年轻人开始固定听他的演讲，于是大家来到一个庭院里，老师坐在椅子上侃侃而谈，学生们席地而坐仔细听讲还开始做笔记。大学就这样出现了。西方的"大学"（拉丁语Universitas）一词就是一个由老师和学生组成的联合体。具体说到博洛尼亚大学，11世纪时有一位名叫格雷西恩的僧侣编撰了一本教科书，提供给那些想了解教会法律的人阅读。有许多年轻的教士和俗家子弟纷纷由欧洲各地前来听格雷西恩讲课。这些人组织了一个联合会（即大学），于是博洛尼亚大学诞生了。（亨德里克·房龙《人类的故事》，第231页）

西方近代大学兴起时，中国的书院也几乎同时兴起。中国书院出现于唐代，兴盛于宋代（960—1279）早期，时间的相近令人感到惊异，这是中外相隔虽远但文化同步发展的又一个重要例子。对宋朝出现的"四大书院"说法不一。我采纳"嵩阳、睢阳、岳麓和白鹿洞书院"的说法。中国书院与西方近代大学的教学内容有很大不同。中国书院以传授传统文化为主，而西方近代大学已经开始了研究和学习近代科学发展的知识。但在由知识渊博的学者聚众授课、学生自愿地聚集在一起听讲这一点上倒是有几分相像。（朱汉民《文化复兴与书院中国》，新华文摘2019.19）

为参观博洛尼亚大学，我们来到博洛尼亚市。该市位于佛罗伦萨的正北面，是艾米利亚–罗马涅大区的首府。从佛罗伦萨去威尼斯路经博洛尼亚市。博洛尼亚始建于5世纪，是托斯卡纳地区最古老的城市之一，至今仍保留着浓郁的古城特色。

继续北上来到帕多瓦，可以参观帕多瓦大学。此地属于威尼托大区，离威尼斯很近。帕多瓦大学创建于1222年，比博洛尼亚大学晚134年。但这所大学教学内容新颖，办得更有特色，名声已超过了前者。伽利略在帕多瓦大学教学18年，取得了自己一生中最多的科学研究成果。伽利略的故事后面有专门的章节详细讲述。

再晚一点（1321年）建成的是佛罗伦萨大学。该大学现已成为意大利最重要现代化高等学府之一。离佛罗伦萨不远的比萨市还有比萨大学。该校官方公布的建校时间是1343年，但实际上历史可能更久远，也可以上溯到11世纪。伽利略曾在比萨大学教学，传说他曾在比萨斜塔上做重物的自由落体实验。

办大学的主要目的是传授知识、研究专业等。但是与传授知识相比，提倡怀疑精神、培育独立思考的能力更重要，是其对人类思维发展的最大贡献。这些大学里培养出了许多思想、哲学、科学方面的大师。这些大师的怀疑精神和从事的科学实验，冲破了中世纪神学思想的束缚，带领人们进入了文艺复兴时代。

意大利与欧洲一些国家发展的道路有所不同。大多数地方走过的路子是先有国家后有城市，而意大利是先有城市，叫做城邦国家（有点像古代的希腊），意大利整个国家的统一后来比较晚才完成。盐野七生认为，在文艺复兴时代，不是国家创造城市，而是城市创造国家。"鲜花之都"佛罗伦萨、"海洋之都"威尼斯都是先有城市的。写作《剑桥意大利史》的克里斯托弗·达根认为"'意大利统一'这一设想在19世纪之前缺乏任何政治基础"。直到1861年3月意大利才统一，原来的撒丁王国国王维克托·伊曼纽尔二世成为第一任国王。1865—1871年佛罗伦萨曾为统一后的意大利王国的临时首都。

《纽约时报》专栏作家纪思曾在2007年写过一篇文章，题目是《从开封到纽约——辉煌如过眼烟云》，这篇文章特别处在于文章是英语写作的，标题用的却是中文，使得那一期报纸版面显得特别。文章中写道："公元前2000年之前世界上最重要城市是伊拉克的乌尔，公元前1500年之前，也许是埃及的底比斯。公元前1000年，很难说哪个城市有绝对优势，不过很多人会认为是黎巴嫩的西顿。公元前500年是波斯的波斯波利斯；公元1年是罗马；公元500年前后也许是中国的长安；公元1000年是中国的开封；公元1500年是意大利的佛罗伦萨，公元2000年是纽约；到了公元2500年，上述这些城市可能一个都不再能挨上边儿。"

作者以500年为一个时间节点，列举了世界历史上曾经存在过的最重要的城市（自然一般也是规模最大、文明程度最高的城市）。1500年时是佛罗伦萨。可以与它相比美的是还要早500年的中国城市开封。

穿过韦奇奥桥进入阿尔诺河的南岸，这是行程的最后一站。我们来到了皮蒂宫，该宫殿也是美第奇家族的产业。这是佛罗伦萨文艺复兴时期四座最美的宫殿之一。这是一座三层的建筑，巨大粗糙的方形石块砌就的墙体，圆拱形的门洞和窗户，没有华丽的装饰，显得坚固和质朴。现在的皮蒂宫已成为美术馆。

　　皮蒂宫的后面是美丽的博博利花园，是典型的意大利庭院。花园面积巨大，种满了松树和杉树，绿树如盖，草地如毯，喷泉吐水，雕塑点缀其间，景观非常漂亮。导游讲解说，由于妻子埃莱奥诺拉酷爱大自然，科西莫·美第奇就为她建造了这座花园。这里是一处山坡高地，是观看这座城市最好的地点。现在是傍晚时分，太阳快要落山，天空抹上彩霞，明亮的阳光洒向大地。远处的圣母百花大教堂的圆顶分外突出，仿佛镀上了一层金色的光辉，显得神圣和美丽。

　　写作《欧洲史》的作家诺曼·戴维斯评价说："作为文艺复兴的第一个家园，佛罗伦萨能当之无愧地称自己是'现代欧洲之母'。"在人类历史发展上，佛罗伦萨是一个重要的节点，像一颗璀璨的钻石熠熠发光。

第二章

威尼斯

千年名城的风雨

建在海水里的城市

威尼斯是座浮在海水中的岛屿城市，只能乘船进去。

这天早晨我们出发很早，登船开始向威尼斯进发。海水翻波，水汽升腾，形成的薄雾像轻纱一样流动。船行没有多久，眼前隐约出现威尼斯城的轮廓。雾气散去，阳光初照，茫茫大海波光粼粼，一座雄伟的城市清晰地出现在眼前。高低不一的建筑群，古香古色，式样优美，真是一座漂亮的水城。

威尼斯为什么会建在水域里成为"水城"？这完全是为了安全着想。古时候的罗马帝国太富裕了，让周围的国家或部族眼馋、流口水，一有机会就想去抢点金银财宝。意大利第一次受到威胁是在5世纪。452年，阿提拉率领的匈人部落打到了离罗马不远的地方。阿提拉的军队攻势凌冽，势不可挡，被称为抽打罗马帝国的"上帝之鞭"。要不是征战中途阿提拉意外去世，那一次罗马难逃劫难。罗马不远处的威尼斯人被吓坏了，他们躲进了附近的"潟湖"。所谓"潟湖"，说的是海边浅水区，涨潮时能够行船，落潮时就成了沼泽地。人们藏在茂密的芦苇丛中，躲避了一次灾难。受到严重惊吓的西罗马帝国24年后灭亡了。

30年后，北方的伦巴底人又打过来了。野蛮地烧杀抢掠，逼得更多难民的躲进了"潟湖"。连番面临灭顶之灾的威尼斯人终于想

◉ 威尼斯是建在石柱和木桩上的一座城市　摄影/段亚兵

明白了：战火是难以完全熄灭的，战争会不断发生；虽然人们渴望和平，但和平是个玻璃球，随时都有可能掉到地下摔得粉碎。

看来要做长期的打算。怎么办好呢？想来想去，想到了一条办法。要想躲过兵灾，远离战火，过上安全的生活，最好是把家园建在大海里，看样子必须要在潟湖里长久生活了。于是，人们开始运来粗粗的圆木，直直地打入沼泽地；在原木顶上铺上地板，建起房子。后来为了将城市建得更坚固一些，逐渐用石柱替代木桩，更深地打入地下建成牢固的基础；在石柱上铺上石板和砖头，铺平地，建道路，盖楼房。经过数百年的时间，通过一代代坚韧不拔地努力，最后真的在潟湖里建起了一座水上城市。当时这个诞生于海水里的小国，名义上还是拜占庭帝国的附属国。

拜占庭又称为东罗马帝国，首都为君士坦丁堡。虽说当时威尼斯属于拜占庭帝国，但保持着实质上的独立地位。直到697年，威尼斯人首次通过居民投票，选出了自己的元首。由此奠定了这座城市国家的基本政体。

◉ 行船在威尼斯大运河上　摄影/段亚兵

　　300年之后，水上要塞威尼斯经受了另一次严峻的考验。809年，法兰克国王查理曼的儿子丕平——当时意大利的统治者，率领一支大军前来攻打威尼斯。这次威尼斯人不再慌张，他们坚壁清野，市民们撤到潟湖里的要塞里，将海岸边的空城留给敌人。

　　丕平在空城里一无所获、暴跳如雷。他组织船队进入潟湖进行攻击。在涨潮时分，丕平的舰队顺利地进入了潟湖。但不久大海退潮，吃水很深的舰船搁浅在沼泽泥浆里动弹不得，成为活靶子。乘坐着平底小船的威尼斯人开始反攻，团团围住大船，用弓箭射杀敌人。丕平的军队毫无还手之力，任人宰割。最终威尼斯人取得了胜利，捍卫了自己的国家。

　　自那以后，没有人再敢欺负威尼斯人。酷爱自由的威尼斯人维护了自己的尊严。威尼斯人独创的政治制度保证了国家的长治久安。直到1797年，在世界政治形势大变的情况下，威尼斯共和国独木难支走向灭亡。

　　威尼斯共和国前后存在了一千多年，被称为"千年帝国"。

圣马可广场是欧洲最美的客厅

每天从世界各地前来威尼斯的游客，其观光行程一般会从圣马可广场开始。我们自然也如此安排。

参观是从位于广场西面的教堂开始的。圣马可大教堂雄伟壮丽，始建于829年，200多年后重建，曾是中世纪欧洲最大的教堂。教堂的结构是希腊式的十字形；房顶上有5个圆穹顶，中间的最高，其余4个稍低，形成中心对称形式，这是拜占庭建筑的重要特征；15世纪时加入了尖拱门等哥特式装饰；17世纪加入了栏杆等文艺复兴式的装饰。这座融合了多种建筑风格的经典之作是威尼斯建筑的瑰宝。

教堂顶部上有4匹造型俊美的青铜骏马，据说来自君士坦丁堡。正门上部有5个拜占庭式的尖券装饰，装饰内是关于圣马可的镶嵌壁画，5幅画的主题是"从君士坦丁堡运回圣马可遗体""遗体到达威尼斯""最后的审判""圣马可神话礼赞""圣马可进入教堂"。壁画说的是教堂的历史故事。

导游指着壁画给我们讲述了这个故事。传说圣马可到埃及的亚历山大里亚传教时在该地被杀，遗体存放在一座修道院里。828年，有两位威尼斯商人，名字分别叫特里布诺和鲁斯蒂科，来到亚历山大做生意。那段时间当地正在发生反基督教的活动，社会治安混

⊙ 圣马可广场入口处　摄影/段亚兵

乱，基督教徒人人自危。两位商人趁着发生骚乱的机会，摇唇鼓舌说服修道院的神父，买下了圣马可的遗骸，装在一辆破手拉车上，瞒过士兵偷偷运出城，最后安全地运到了威尼斯。这件事引起了轰动，城市决定专门拨款修建教堂，供奉圣物。从此以后，圣马可成为威尼斯的守护圣人。导游总结说："圣马可广场的名字来自教堂，而教堂名来自保存的圣马可遗骸……"

团友中有人发问："我们不太了解基督教，圣马可是什么人？"导游解释说："圣马可是《圣经》中《马可福音》的作者。由于圣马可的代表物是长着双翅的狮子。因此，飞狮成为威尼斯的城徽，被绣在国旗上……"导游伸手指着高处让我们看，圣马可广场入口处有一座高大的圆柱，柱顶上挺立着一只展翅欲飞的青铜狮。这就是威尼斯的城徽。

⊙ 飞狮雕塑——威尼斯城徽　摄影/段亚兵

有意思的是，神仙也是排座次的。比如说，威尼斯原本另有一个守护神，来自希腊，名叫圣狄奥多。但此圣人在教界中的地位不太高，属于小字辈。相比之下，佛罗伦萨的守护圣人是圣约翰。他可是给耶稣施洗礼的人，地位了得；而罗马也很厉害，守护圣人圣彼得是耶稣的十二使徒之一，在将基督教传往欧洲过程中贡献很多。相比之下威尼斯就大为逊色了。但是威尼斯人也有办法：用钱买地位。他们买来了圣马可的遗骸，就大大地提高了自己在基督教神学界的地位。

进入教堂，光线昏暗。透过彩色玻璃窗洒下五彩斑斓的光影，显得温柔而神圣。据说教堂里有500多根石柱，上面都有精美的马赛克镶嵌画，十分密集，精妙绝伦。天堂的景象令人神往，地狱的画面十分恐怖。"美丽与恐怖相融合"，是圣马可教堂的特色之一。镶嵌壁画多是拜占庭风格的重要代表作，画面上表现的都是《圣经》上的故事，整个教堂成了一本《圣经》教义解读的连环画。在中世纪，《圣经》书很少，而且农民们多数不识字，因此来圣马可教堂祷告时可以方便地了解《圣经》上的故事。镶嵌画表面覆盖着一层闪闪发亮的金箔，散发出神秘的光影。"黄金教堂"由此得名。

威尼斯的建筑深受拜占庭风格影响。这是因为威尼斯与君士坦丁堡距离不远，且经济贸易往来特别紧密。作为西方城市代表的威

◉　圣马可广场著名的雕塑群　摄影/段亚兵

尼斯，在当时是与"东方世界"保持密切联系的唯一城市。善于经
商的威尼斯商人，获得了与拜占庭帝国进行贸易的特权。

　　我们在教堂内殿中央最深处看到一座黄金祭坛，祭坛下面即是
圣马可的坟墓。圣马可教堂右端有一座珍宝馆，陈列着1204年十字
军从君士坦丁堡带回来的战利品。教堂顶上的四匹青铜马应该是战
利品之一。圣马可教堂收藏大量海外的艺术品，1075年起威尼斯形
成了一项规矩，所有从海外返回威尼斯的船只必须上缴一件珍贵的
礼物，用来装饰这间"圣马可之家"。

　　教堂的右侧是总督府（也叫公爵宫）。在威尼斯的政治体制
中，总督任期为终身制，是国家首脑和最高行政长官。圣马可是城
市的庇护神，总督是圣马可在人间的代表和象征者。威尼斯的许多

绘画中反复强调这一主题，表面上看说的是宗教，实际上具有最现实的政治意义。其逻辑是这样的：既然总督的权力来自圣马可这位地位很高的大神，那么总督的地位就是与罗马教皇平等的。由此看，威尼斯需要圣马可是因为现实政治的需要，这能够保证威尼斯的独立地位。

总督宫是一座哥特式与文艺复兴式混合风格的建筑。进入总督宫内院，可以看见巨大的阶梯，上面竖立着海神和战神的雕像。当选的总督，要在这神圣又有威慑力的地点加冕。总督府里有委员会厅、候客厅、四门厅、议会厅、十人厅、大会议厅等，部分展厅对游客开放。每个厅都以油画、壁画和大理石雕刻来装饰，使整个总督宫显得奢华辉煌。其中最值得一看的是三楼的大会议厅，可容纳2000人。

总督宝座的后面有一幅巨大的壁画，是威尼斯知名画家丁托列托的作品。丁托列托（1518—1594），16世纪意大利威尼斯画派著名画家。他是提香最杰出的学生与继承者，在威尼斯画派中独树一帜。他画这幅画时已72岁，然而宝刀不老，用4年时间作画。这幅题为《天国》的油画，高7.45米，宽21.6米，是威尼斯艺术巅峰时期的代表作。此画的创意来自但丁的《神曲》。画面上是众多的天使和使徒围绕圣母玛利亚一起走向天国的情景。画中出现了700多个人物，画面相当复杂繁华。这幅画与米开朗琪罗的《末日审判》齐名，是世界上最大的壁画。

1797年拿破仑率部队来到威尼斯时，称赞圣马可广场是"欧洲最美的客厅"。拿破仑将广场边的行政官邸大楼改成了自己的宫殿，还建造了连接两栋大楼的翼楼作为他的舞厅，命名为"拿破仑大楼"。对如此美好的"客厅"，冷酷的拿破仑毫无爱怜之心，他洗劫了威尼斯，并将这座城市转手送给了奥地利。经过劫难的威尼斯经济崩溃，一贫如洗。1866年，威尼斯最终并入意大利。

圣马可广场上最显眼的要数那座四角方形的钟楼，高达97米，

⊙　圣马可广场上的游人与鸽群亲密无间　摄影/段亚兵

建于15世纪。每到整点时会有公仔人出来击锤敲钟报时，整个城市都能听见大钟洪亮的声音，袅袅余音飘荡在海面上，消失于远处。

　　圣马可广场由总督府、圣马可教堂、新旧行政官邸大楼、拿破仑大楼、钟楼、圣马可图书馆等建筑围成一个相对封闭的空间，确实像一个功能齐全的温馨大客厅。广场上一天到晚总是挤满了游客。有人坐在广场大伞下的座位上悠闲地喝咖啡，有人在广场里溜达，摄影留念。一群群的鸽子在广场上飞来飞去，咕咕欢叫。导游让我张开双臂，手掌中捧着一些食物，霎时间十多只鸽子飞落在了我的肩膀、胳膊上抢吃食物，开始有点受惊，后来就乐不可支。在欧洲许多城市的广场上，都能见到人与鸽子嬉戏的场面，但是恐怕没有一处能像这里，鸽子与人们亲密无间，在温馨的"客厅"里共享欢乐。

　　广场不远处是大运河，河水静流，如慢慢逝去的时光；运河里游艇穿梭，又显示出这座城市生气勃勃的内力。

　　威尼斯真的好美！

大运河的波涛

看完圣马可广场，下一个行程是游览大运河。水城威尼斯不允许汽车进岛，岛上的交通全靠行船。我们在离圣马可教堂不远的岸边下河，上了一种叫做贡多拉的狭长形小船。它就是威尼斯的"的士"，适宜在狭窄的水巷中行驶。岛与岛之间则有更大容量带着引擎动力的水上巴士通航。

贡多拉（Gondola）全身乌黑锃亮，船首镶嵌着光亮的不锈钢装饰，骄傲地高高翘立，有点像黑色的天鹅。我们上船坐定，后舱坐着一位艄公负责开船。艄公身着黑白相间的传统服装，头上戴着红色帽箍的草帽。他用单桨划船，操作熟练。船开起来了，顺着大运河前行，不时激起浪花，像是在草原上飞奔的骏马。我们的艄公是位中年人，身材健壮，满脸胡子茬儿，很有意大利男人的野性味道。看来他心情不错，亮开嗓子给我们唱起了意大利民歌。我们鼓掌称赞。

导游讲解说："这条河流名叫大运河，穿过了整个威尼斯城。河道不是直的，是一个反向的S型……"S形是美丽的曲线，如果是笔直的一条河，味道就差远了。威尼斯城市面积约7.8平方公里，由118个小岛组成，177条运河蛛网一样密布其间。大运河是威尼斯的

◉　大运河上，小船就是水上的士　摄影/段亚兵

主要水道，长约3公里，宽30—70米不等，水深平均5米。做为主航道的大运河又与许多小水道相连，形成城市的纵横交通网络。大运河有"水上香榭丽舍大道"的美名。运河两岸是众多的建筑。大型建筑多是文艺复兴式的，教堂一类的建筑多是拜占庭式的，更多的是普通的民居。

　　船行于清澈安静的水面之上，随艄公的心意前行，不急不躁慢慢行驶。遇到弯道时船优雅地转弯，遇到一座座石拱桥敏捷地穿过，有时候会遇到对面来船，两船在窄窄的河道上小心翼翼、擦边而过。这些都不需要乘客操心，我们只是坐在船上，迎着清凉的风，欣赏运河两岸的风光。

　　各式房屋迎面而来，展示自己的面貌，又在我们身后缓缓逝去。这是一次独特的感受。许多房屋贴在水面上，微风吹来，凌波踏浪；有的房屋基础已经被水淹没，房门半浸在水中，让人为住户的安全担忧。导游说，由于海平面上升，威尼斯时有被淹的情况，城市开始受到水淹的威胁。2003年，世界各国科学家召开过一个国际性会议，专题讨论如何挽救威尼斯。根据有关数据，1900年时圣马可广场每年只会被水淹10次，但如今每年至少要被洪水淹100次。与100年前相比，威尼斯的海平面已上升了23厘米。如果不采取行之有效的措施挽救，预计到2100年威尼斯将完全被水淹没。威尼斯面临的危机让人揪心。

此情此境让我想起了我国江南水乡苏州。苏州也是河汊纵横、被称为"东方的威尼斯"。然而，苏州与威尼斯差别很大。两地虽然都有大量的河流水道，但苏州是城在陆上建、水在地上流；而威尼斯是城在海里漂、地在水上浮。人在苏州，感觉脚是站在土地上，心里比较踏实；而人在威尼斯，感觉好像生活在船上，不太牢靠。

威尼斯人就是在这样一个独特的水城里做生意，做成了一番大事业，营造了一番大景象。但是，商业贸易的发展不会一帆风顺，就像眼前的大运河，有转弯，有窄道，有暗流。威尼斯人生意虽然做得好，但千年长河里，经过了多少艰难曲折，越过了多少激流险滩。

我们乘坐贡多拉船，顺着大运河和小支流绕了一圈回来，在圣马可广场对岸登陆。这里的河面上有一座造型优美的桥梁，名叫里亚托桥（Rialto Bridge）。这座桥横跨大运河，连接圣马可区和圣保罗区，是威尼斯的标志性建筑之一。这是一座拱桥，拱桥的上面有山墙，山墙上又有许多拱形的小圆窗。拱桥附近的河边是商业街，餐厅、酒廊、咖啡厅一间连着一间，游人如织、川流不息。我们转了一圈也饿了，就选了一家餐厅，享受了一顿美味的意大利牛扒和通心粉。

导游介绍说，文艺复兴时期，里亚托桥两端的河岸上是繁华的贸易区，商人们在这里吆喝、做生意。里亚托桥桥端有一条带有屋檐的长廊，这里出现了欧洲最早的"银行街"。每天都有四五位银

行家坐在长廊屋檐下，桌上放着账簿等待客户。做生意的商人们做生意成交后，就来到这里，选择一家熟悉的银行办理汇兑手续。银行办清手续，钱就过户了。

银行出现前，商人们做生意付钱不容易，需要提着装满金币银币的袋子跑来跑去，麻烦不说，也极不安全。聪明的威尼斯商人发明了汇票，只要填好了单据，银行检查无误接收了，对方就可以收到钱。

在意大利几个城市中，虽然佛罗伦萨的银行家可能更有钱，但是论银行业务水平还是威尼斯人更高。佛罗伦萨的银行家多数把钱借给国家去打仗，打赢了赚到了钱，但如果打了败仗，借款就成了烂账。佛罗伦萨政府打仗不行，战败的时候多，结果拖累得许多银行破了产。而威尼斯的银行家不一样，他们主要做经贸业务商人的生意，没有出现过大的烂账，能力更胜一筹。

经商高手威尼斯商人

英国戏剧作家莎士比亚的《威尼斯商人》几乎是家喻户晓的喜剧。其中塑造的夏洛克是一个贪婪、恶毒、吝啬的高利贷奸商。这部戏剧浓缩了当时威尼斯的商业状况，也把威尼斯人会做生意的名声传遍了全世界。

威尼斯人全民经商，最懂赚钱。这恐怕是威尼斯够成为千年帝国的主要原因之一。威尼斯人善于经商，环境之利可能要算首先条件。城市既然建在水上，就天然具备便利的水运条件。有人说，威尼斯"因水而建，因水而富，因水而兴"。的确如此。

威尼斯的经贸活动先后经过了几个阶段的变化。威尼斯最开始交易的商品只有鱼类和海盐。亨德里克·房龙写道："食盐在中世纪是相当紧缺的商品，价格一直昂贵。几百年来，威尼斯一直垄断着这种不可或缺的餐桌调味品。利用这种垄断地位，威尼斯人大大增强了其城市的竞争力。"8世纪时威尼斯就成为亚得里亚海的贸易中心，后来又发展成为地中海最繁荣的贸易中心之一。交易商品中增加了木材和奴隶：木材来自威尼斯不远处的木材供应地，奴隶的来源主要是东欧的斯拉夫人。货物出手后回购的是香料、布料、宝石、金银手工艺品等来自东方诸国的产品，这些是欧洲人最渴望得

◉ 威尼斯街景 摄影/段亚兵

到的奢侈品。采购的地点主要是君士坦丁堡。14世纪前后，威尼斯的商业贸易更加繁忙，被誉为整个地中海最著名的集商业贸易和旅游于一身的水上都市。15世纪，威尼斯进入全盛时期，成为意大利最强大和最富有的"海上共和国"和地中海贸易中心之一。

在很长的历史时期内，威尼斯市场交易的商品中东方香料比例非常高，可以说垄断了当时欧洲的香料贸易。香料为什么这样重要呢？与欧洲人喜欢吃肉有关系。在冰箱尚未问世的年代，肉类的保存方法只有盐腌和风干，想要没有异味的鲜肉是一件奢侈的事情。加胡椒、肉桂、丁香、肉豆蔻等香料是除去肉的异味、改善肉味的唯一办法。由于欧洲人吃肉多，香料成为最大量的消费品。欧洲不产香料，香料必须从东方进口。因此，香料生意的利润高得惊人，谁要是控制了香料，就能保证发大财。盐野七生形容说："胡椒之于威尼斯经济，就像母乳之于婴儿一般重要。"在长达300年里，威尼斯凭借着地中海航线的优势，几乎独占了整个香料销售市场，香料是支撑威尼斯贸易最主要的商品。

直到16世纪，君士坦丁堡还有一个叫做"香料集市"的地方，因为生意几乎全部由威尼斯人操控，所以又被称为"威尼斯人的集

⊙ 贡多拉游船行走在市
区的水道里
摄影/段亚兵

市"。集市热闹非凡，生意兴隆。君士坦丁堡就是现在土耳其的伊斯坦布尔，城市中有数个规模巨大的"大巴扎"（集市）。我几次去土耳其，每次都要去大巴扎逛一逛，里面做生意的，多数是阿拉伯人。大巴扎里边卖香料的商铺特别多，用麻袋装香料，摆放在商铺口上，辛辣浓香的味道刺鼻，很远就能闻到。

　　意大利的港口城市其实很多，比如说意大利西海岸的热那亚也是一个非常繁荣的港口城市，一段时间里是威尼斯的有力挑战者。但是热那亚如昙花一现，很快就凋谢了。只有威尼斯在超长时间里繁荣，成为千年之都。威尼斯能够取得巨大成功，原因大概有以下几条。

一是政治制度稳定。

千年水都威尼斯的政治制度不是一成不变的。概括地说，在前一半时间里他们实行的是一种市民民主制，而后一半时间里变成了贵族寡头制。14世纪初，威尼斯开始进行了一次政治体制改革。通过改革，威尼斯确立了一种贵族寡头体制。国家最高的立法和监察机关是由480名议员组成的大议会；掌握行政大权的是元老院，由大议会选出；国家首脑称总督，选举产生，终身任职。后来为加强对社会的控制，又组织起秘密司法机关——十人委员会，独揽一切权力。此后的国家制度更

◉ 市区里的狭窄水道　摄影/段亚兵

具有寡头独裁性质。这个政治体制应该说是有效的，较好地应对了后来越来越复杂的政治社会形势，直到半个世纪后共和国瓦解。

总体而言，威尼斯由市民民主制度开头，后转变为贵族寡头共和制。这一点与佛罗伦萨形成了鲜明的对比。佛罗伦萨的学者马基雅维利评论说："威尼斯与佛罗伦萨，像两个性格迥异的人。"具体说，佛罗伦萨是一个英雄辈出的国家；而威尼斯却是一个反英雄的国家，靠的是政治制度。威尼斯选择了与其他国家不同的道路，既不是君主制，也不是大众政治，而是威尼斯独特的共和政体。合理的政治制度一直保持着威尼斯的社会稳定，这是国家强大的政治

◉ 小巷里有许多这样的艺术街灯　摄影/段亚兵

◉ 家家户户窗台上的花篮色彩鲜艳，
　显得很有生气　摄影/段亚兵

保障。

二是建立海上高速公路。

威尼斯在通商水路上建立要塞和派军舰在海上巡逻，自封为亚得里亚海的"警察"。亚得里亚海在中世纪被称为"威尼斯湾"，在那时的地图上只有威尼斯湾，找不到亚得里亚海。要想了解威尼斯人多么钟情于大海，可以讲一个例子。威尼斯人确定了某天为"海亲节"。这一天，全国要举行盛大的庆祝仪式，国家元首登船对着大海高声说："海啊，我要与你结婚！要你永远属于我！"

1000年，由于威尼斯积极当"警察"，打海盗，换得拜占庭帝国给予港口税减半的优惠待遇。1081年，威尼斯人征服了南意大利与西西里的诺曼人，拜占庭皇帝更是对威尼斯商人授予开放境内所有领土的特许权，而且让他们与拜占庭商人同样享受关税全免的待遇。这也许是欧洲最早的"国民待遇"吧。

1255年，有一种被叫做"幕达"的商船固定航线制度建立起来，这一制度凝聚着威尼斯人的智慧。原来威尼斯长期独占着东地中海的海上航线。后来热那亚崛起，开始与威尼斯公开作对。热那亚的地理位置比威尼斯更优越。威尼斯位于意大利东海岸，去地中海要绕过亚得里亚海；而热那亚地处西海岸，直接面对地中海。威尼斯积极建立"幕达"的目的，不仅仅是为了防止商船遭到海战或敌对国舰船袭击，也是为了提高海外贸易的效率、与热那亚竞争。著名作家费尔南·布罗代尔评价说：威尼斯人"是靠鲜血换取亚得里亚海的控制权"。

三是商业制度上的发明。

会做生意的威尼斯商人，在经商方法、商业制度方面有很多发明创造。比如说复式会计制度。虽然传说簿记是由威尼斯人发明

◉ 威尼斯少女很热情，乐意让游客拍照
摄影/段亚兵

◉ 水城里开门就是河道，无处玩耍的小孩子们坐在家门口无聊地看着游客　摄影/段亚兵

的，实际上它最初的创意来自托斯卡纳普拉托地方的一位商人。不过将它改良为复式簿记的是威尼斯人。从复式簿记的名字"威尼斯式（Venziana）"可以看出，人们把其发明权的荣誉献给了威尼斯人。这种可以让交易内容一目了然的复式簿记法，很快在威尼斯、

◉ 有一家居民窗口上挂着威尼斯
传统旗帜　摄影/段亚兵

热那亚乃至西欧的商人中得到广泛的应用，让经商活动变得高效和严密。

　　用复式簿记法记账一定要用"阿拉伯数字"（要说明一下，这种数字的写法实际上是印度人发明的）。将"阿拉伯数字"引进欧洲的是比萨人。对此教会开始是反对的，但商人不理这个茬、照样使用，因为阿拉伯数字记账太方便了。这方面威尼斯人最积极，他们甚至设立了教授数学的专门学校。使用阿拉伯数字，采用复式簿记法，可以了解到贸易的全部明细，能够全盘掌握商贸业务的全貌。这是威尼斯商人做好生意的锐利武器。

　　威尼斯商人还发明了一种"海上融资"和"有限合资公司"的融资制度。有了这种制度的鼓励和保障，威尼斯人变成了全能型的外贸商人。一个人可以是商人，可以担任水手，甚至仅仅是旅行者，都可以参与对外贸易活动，赚到钱。

　　四是航海技术上的创新。

　　要想当好海上强国，首先要掌握先进的造船技术。事实上，威尼斯人的造船技术一直到16世纪为止始终拥有压倒性的优势。威尼斯人制造的舰船有"帆船""加莱船"两类。帆船的船帆呈三角形，俗称为"拉丁帆"。这种帆的好处是，不管刮什么样的风都可以前行。威尼斯能够制造500吨级排水量的帆船（当时欧洲的帆船通常为200吨级左右。哥伦布出海探险时乘坐的"圣玛利亚号"才100吨左右）。加莱船靠人划桨、前行速度比较快，一般用来做战船。当时有的国家强迫奴隶划桨，而威尼斯让市民任划桨手。两种不同的划桨手表现出来的战斗力相差甚远，这是威尼斯海军战斗力强盛的一个重要原因。有人评价说："威尼斯人靠自己的鲜血，保卫了国家的独立和自由。"

　　威尼斯人能够成为当时世界上最好的水手，还有其他很多先进技术的发明或者引进使用。这里说一下指南针的例子。指南针是中国人在宋代发明的，后来被阿拉伯人带到了地中海。1302年，意大利阿马尔菲城市的一个商人进行研究改造，提高了指南针的性能，让指南针在地中海地区迅速普及。威尼斯的水手航海技术高明、能够在茫茫大海上准确把握航线，善于使用指南针当然是其基本功之一。

海上小霸王的兴亡

威尼斯使计谋攻打君士坦丁堡

威尼斯作为岛国，靠海上贸易而致富，靠强盛的海上舰队而崛起。攻打君士坦丁堡的战争，显示了其海军力量的强大，威尼斯也因此战成为亚得里亚海上的小霸王。

11—13世纪长达200年的时间里，西欧发生了9次攻打地中海东岸国家的战争。这些战争，得到了罗马天主教教皇的准许，以收复伊斯兰政权占领的土地为名，出征的人胸前和臂上佩戴着"十"字标记，因而史称十字军东征。

第4次行动制订的战略目标由攻占埃及，变成了攻打君士坦丁堡。君士坦丁堡是东罗马的首都，也属于基督教世界（只是按照教义区分为东正教）。这无论如何不能说是基督教文明与伊斯兰教文明之间的冲突，只能说是政治经济利益之争，从而戳穿了十字军为信仰而战的谎言。

这一次征战主要由威尼斯策划并推动。征战发生于1202—1204年。为运送军队，十字军雇佣了威尼斯大量的海船，但由于缺乏经费拖欠了威尼斯的租船费。精明狡猾的威尼斯领导人以索取巨额运

◉ 我们在拜访市政厅时，从窗户看出去见到的街景
摄影/段亚兵

费为威胁，以平分战利品为利诱，促使十字军改变原定进攻埃及的
路线，攻陷亚得里亚海东岸的萨拉城，转而进攻拜占庭。1204年，
君士坦丁堡陷落。十字军洗劫了这座最富有的城市。血腥屠城和残
酷的抢劫破坏活动整整进行了一个星期，抢走了无数的珍宝。十字
军终于撕下自己"神圣"的面纱，暴露出其侵略掠夺的本质。

　　在这一行动中，威尼斯出计谋，费力气，当然最后分得的赃物
也最多。威尼斯占领了爱琴海、亚得里亚海沿岸许多港口和克里特
岛，这些领土原属拜占庭帝国，约占其领土的小一半，威尼斯抢夺
来的金银财宝和珍贵的艺术品，更是多得数不清。圣马可教堂顶上
的那套青铜马，就是这次战争中获得的战利品。说起青铜马，来历
不简单，它原是古罗马的艺术珍品，被罗马皇帝尼禄用来装饰凯旋
门；后来被带到君士坦丁堡，安放在竞技场门前。

　　威尼斯商人唯利是图的精明和贪婪，与隐藏在温文尔雅绅士面

⊙ 从水面上看去，威尼斯确实很美　摄影/段亚兵

貌下的残忍本性，在这次战争中暴露无遗。威尼斯好像是两面人，既可以为表现对基督教的忠诚，花巨资买来圣马可的遗骸，恭恭敬敬地摆放在圣马可教堂里顶礼膜拜；也会在巨大利益面前露出贪婪的嘴脸，将与基督教同宗的君士坦丁堡洗劫一空而毫无内疚。其实威尼斯人对此也直言不讳，在说到如何处理宗教信仰与本国利益时，他们说过这样一句话："先做威尼斯人，再做基督徒。"

敢于竞争的厉害角色

威尼斯虽然厉害，但也不是没有对手。比如说佛罗伦萨就是其劲敌之一，此外还有其他对手。意大利有4个临海的城邦国家，被称为"四个海上共和国"，分别是威尼斯、热那亚、阿马尔菲、比萨。这一点在意大利海事国旗上也有体现：中间白色部分多了4个纹章，代表的就是以上4个城邦。

其中，热那亚是威尼斯的头号对手。热那亚人与威尼斯人最大的不同点表现在，前者更喜欢个人主义，而后者考虑偏于共同体的利益。热那亚人不仅有商业头脑，也是航海天才，哥伦布就是热那亚人。1350年，威尼斯与热那亚之间终于短兵相接，爆发了争霸战。这是一场连续的战争，5年时间里打了3场大战，结果是2∶1，热那亚人胜。但是，拥有良好政治、经济制度的威尼斯显然更有韧性，耗得起。争战一个多世纪后热那亚已销声匿迹，最后地中海的4个海洋共和国只剩下了威尼斯。有学者指出，威尼斯最终胜出靠的不是海军力量和海战技术，而是社会的组织能力。

但是，俗话说战场上没有常胜将军，天下没有不散的宴席。威尼斯亦然。

◉ 笔者在圣马可教堂前留影

在城邦竞争时代，威尼斯打败天下无敌手，却在大航海时代开始感觉力不从心。这并非因为威尼斯人不再努力，而是由于时代发生变化，大国纷纷崛起。其实这时候的威尼斯仍然是人很能干，办事有效率，大国是比不上的；但是大国地大，人多，势众，靠的是规模取胜。由于无法应对大国的崛起，威尼斯开始走下坡路。

其实，在大国纷纷崛起时，受到威胁的并不只是威尼斯一家。当大国崛起的寒流袭来时，城邦小国既无法独善其身，也做不到抱团取暖，只能感觉自己的身体慢慢被冻僵，被边缘化到了一边。最有钱的佛罗伦萨共和国于1530年灭亡。相比之下，威尼斯延续的时间最长，前后1000年，也算是长寿国家了。

时代风向改变的时间大约在16世纪，几个大国先后兴起。兴起的大国有一个共同的特点：全都是君主制度。君主制国家的特点是权力绝对集中，因此效率很高。君主制国家对君主素质的要求高，君主英明，国家兴亡；君主无能，容易衰败。一个国家一旦出现贤能的君主便迅速发展壮大。1516年，哈布斯堡家族的卡洛斯当上西班牙国王。3年后，卡洛斯当选为神圣罗马帝国皇帝，成为拥有德意志、西班牙、尼德兰、意大利部分城市，以及美洲新大陆部分地区的基督教世界世俗领袖，被称为历史上首位国际领袖。1556—1598年，在卡洛斯之子腓力二世的统治下，西班牙帝国迎来了顶峰时代。与此同时，法国由于中央集权日益增强，国家实力雄厚，人口多达1600万，在欧洲首屈一指，是欧洲唯一能够与西班牙抗衡的国家。

在东方，奥斯曼帝国（后来的土耳其）于1517年占领麦加之后成为伊斯兰世界的精神领袖。1520—1566年，在苏莱曼大帝统治时期奥斯曼成为领土包括西起蒙古，东至波斯湾西岸，北至克里米亚，南抵维也纳的伊斯兰大帝国。

与崛起的大国相比，文艺复兴时期的城邦国家强国之路有所不同。城邦国家不是像大国一样以拥有大片国土和人口为国力基础，而是通过手工业和贸易走向繁荣昌盛。如果论治国致富的效率，城邦国家更有效率。当时的威尼斯人口只有20万人，而创造的国民总收入与拥有1600万人的土耳其相当。佛罗伦萨也是如此，虽然国家不算大，但是银行家众多，非常富有。如果佛罗伦萨不借钱给法国、英国等，这些国家连仗都打不起。城邦小国与君主大国的竞争，其实是效率和规模的竞争。城邦国家更有效率，而君主大国靠的是规模。不对称竞争的结果，规模胜出，效率败北。最后城邦小国陆续走下了历史舞台。

地中海商路改变对威尼斯釜底抽薪

导致威尼斯衰退的另一个原因是地中海商贸路线的变化。

在帖木儿帝国数十年的攻击下，埃及的马穆鲁克苏丹在军事与经济方面都受到很大损失。为尽快弥补国库的空虚，苏丹决定由政府垄断与东方的贸易。这个决定给威尼斯和所有地中海商人以极大的打击。由于多了一个垄断的中间商，香料和许多来自东方的奢侈品价格越来越昂贵。这种情况逼得欧洲王室和贵族不得不另想办法。哥伦布就是在这种背景下，受西班牙女王伊萨贝拉的委任而出海探险的。经过许多航海家前赴后继的努力，欧洲寻找新航路的努力终于取得成功。

大航海时代造就了葡萄牙、西班牙、荷兰、英国等一批国家的崛起，也导致地中海世界越来越被边缘化，威尼斯人断了祖祖辈辈传承的生财之路。航海经贸活动的衰退带来了一系列连锁反应。威尼斯人变穷了，仅靠海上贸易难以生存。由于没有必要再造船，他们曾经引以为傲的造船技术不断退化。更糟糕的是威尼斯人放弃了从小培养男孩子当水手的传统教育方法，导致合格的水手越来越少，被英国和荷兰的水手取而代之。17世纪时荷兰拥有世界一流的航海水平。这一切让威尼斯无可奈何地衰败下去。

1789年，法国大革命爆发，拿破仑·波拿巴成为皇帝。好战黩

武的拿破仑率领大军征战欧洲。他打败了奥地利军队后，向威尼斯
发出了最后通牒。

在拿破仑的威胁下，已经失去当年威风和骨气的威尼斯人屈服
了。在召开的最后一次国会上，议员投票通过决议，宣布废除共和
国，改行民主制。威尼斯共和国宣告灭亡。

4天后的1797年5月16日，4000名法国士兵进入威尼斯城。这片
从未被外国武装军队践踏过的土地，开始接受法国人的统治。

1866年11月4日，威尼斯并入统一后的意大利，直至今日。

威尼斯功过评说

我多次到过威尼斯。

每次去都要穿行于威尼斯的大街小巷，想更加深入地了解这座城市。我们在圣马可广场喝咖啡，给围绕着我们的白鸽喂食，和它们嬉戏；欣赏那些站在街头、穿着夸张戏剧服装的艺人们表演形体艺术；在小巷里工艺品商店里购物，选购一些威尼斯特有的艺术面具留念；参观古老的玻璃制造工坊，看手艺高超的工匠手持铁钳，将烧红的玻璃料扭来扭去，变成了好看的骏马和飞鸟，也了解到威尼斯是最早发明玻璃的城市之一；泛舟于大运河上，小河道里，既为文艺复兴式的宏伟建筑而惊叹，也为已经被水淹没了半截门的民宅而担忧……

毕竟，威尼斯是文艺复兴时期表现最为出色的共和制城邦国家，经受千年风吹雨打而生辉，沉浮于历史长河中而精彩。为文艺复兴做出了的特殊贡献，在人类文明史上留下了浓墨重彩的一笔。威尼斯的贡献有以下几点。

一是政教分离的政治体制

威尼斯城邦在政治制度上实行政教分离。上帝的归上帝，恺撒

◉ 笔者在威尼斯

的归恺撒。各行其道，不容搞乱。

　　威尼斯人能够做到这一点，既有当时有利的客观条件，也靠自己的不懈努力。中世纪的欧洲始终处于分散状态，意大利更如同一盘散沙。这种情况下，城邦国家就有了生存的空间。虽然在中世纪的欧洲教会是一种统一的力量，但教会主要掌管精神领域的事，世俗政权则山头林立，各行其是。而且教会也并不能一统天下，欧洲虽然都信仰基督教，但也分成罗马的天主教和君士坦丁堡的东正教。精明的威尼斯人充分地利用了这种局势。

　　威尼斯地处东西方的结合部，这让它可以左右逢源。论地理位置，威尼斯虽然属于西欧，但却纳入了拜占庭帝国的政治势力范围；论信仰，威尼斯人虽然大部分是天主教徒，但更多时候他们愿意站在拜占庭教会一边。在极其复杂的政治局面中，威尼斯人靠高智慧，巧安排，多次避免了教皇与皇帝之间争权夺利的战争，始终保持自己的独立性。罗马教皇格里高利十三世曾感叹地说："我在任何国家都是教皇，唯独在威尼斯不是。"

二是坚持言论自由

威尼斯人酷爱自由。政治上的独立地位，保证了它能够在国内保证言论自由。在整个中世纪，威尼斯是言论自由的天堂，绝不会因为言论而治罪。

当时有许多重要人物，言论颇为教会不容。例如，写出《95条论纲》、敢与罗马教廷论战的德国教士马丁·路德，尖锐批评骄奢过度的罗马教会的尼德兰鹿特丹神学家伊拉斯谟，写作《君主论》的佛罗伦萨政治家马基雅维利，为捍卫和发展哥白尼太阳中心说理论而被罗马教廷烧死的科学家布鲁诺，被誉为"现代科学之父"的伽利略等。他们的著作被罗马教廷列入禁书名单，在许多国家找不到，但在威尼斯随处都能买到。

威尼斯是出版宣传新思想理论、新文化知识著作的重镇。自1495年起的百年间，整个欧洲总共出版了1821种新书，其中的447本是在威尼斯出版的。在顶峰时期的16世纪后期50年里，威尼斯113家出版社共出版新书高达4416本，数量位居欧洲之首。

三是形成了威尼斯画派

意大利文艺复兴中先后出现了许多画派，威尼斯画派是晚期出现的一个画派。佛罗伦萨、罗马等地的画派出现得比较早，后来由于政治动荡、战火纷飞等原因，这些城市的画派相继衰落。而社会稳定的威尼斯于15世纪下半叶接过了接力棒，16世纪威尼斯画派迎来了黄金时代，余威一直延续到18世纪。

威尼斯画派的特点是色彩明丽鲜艳，强调自我感觉，注重享乐奢华，追求欢快狂热，富有乐观情趣，深受公众喜爱。特别是其

◉ 威尼斯公园里的雕像　摄影/段亚兵

大胆用色、偏重色彩的特点，对日后浪漫主义风格的艺术家产生很大影响。威尼斯画派先后出现了提香、委罗内塞、丁托列托三位巨匠。

提香·韦切利奥（1488—1576），年近九十，长寿老人。据说他的作品多达1000多幅。提香很会用油彩，堪称"色彩大师"；他也擅长画人物，享有"肖像画之王"的美称。他早期的名画《圣母升天》被誉为"近代第一杰作"。提香将威尼斯画派的艺术推向最高峰。一些艺术史学家认为他是唯一能与"文艺复兴三杰"比肩的大师。亨德里克·房龙对提香评价很高。他说："一提到威尼斯就会让人联想到提香，或者一说到提香就会让人想到威尼斯。他的画笔画出了16世纪威尼斯的全貌。他的画可以说是一部精美的历史文献。"

"威尼斯画派三杰"中的丁托列托和委罗内塞，都是提香的学生。丁托列托（1518—1594），是提香最杰出的学生与继承者，画风独树一帜，运动感强，色彩富丽奇幻。前面说到的总督府里那幅当时全世界最大的油画《天国》是他的代表作。

保罗·委罗内塞（1528—1588）的画写实求真，以场面豪华，人物众多，色彩富丽取胜。他是威尼斯画派中反宗教最彻底的画家。1572年，他为圣保罗修道院绘制了一幅基督参加一场豪华宴会的画。为此受到了宗教法庭的审讯，罪名是在画面中出现了侏儒小丑、醉汉、狗、猴等，亵渎神圣。画家奋力抗辩，竟然说得法官无话可答。没有办法，法官只好让他把画的名字由《西门家的宴会》改为《利未家的宴会》作罢。西门是耶稣的弟弟，利未是税官。画面并没有改动，改一下名字就会冲淡对耶稣的亵渎——法官的想法挺好笑。这幅画与达·芬奇的《最后的晚餐》画的都是耶稣吃饭的场面。一个是奢华的宴乐，一个是凄凉的晚餐，形成反差很大的对比。因此《利未家的宴会》也很出名。

◉　城市广场雕塑　摄影/段亚兵

四是让歌剧大众化

　　歌剧无疑是文艺复兴的一个硕果，是意大利的一张名片。歌剧诞生于佛罗伦萨，发展于威尼斯和罗马，发扬光大于欧洲许多城市，最后传遍了全世界。

　　据说歌剧于1600年出现于佛罗伦萨。10多年后，一位著名的歌剧作曲家应威尼斯政府的邀请来到了水城。作曲家名叫克劳迪奥·蒙特威尔第（1567—1642），他是古典音乐史上一位划时代的人物，对歌剧、和声学、交响乐的发展都有深远影响。有人评价他是"音乐史上第一位能在今日国际乐坛享有声誉的作曲家"。他的《奥菲欧》被认为是歌剧史上最初的杰作，至今还在上演。

　　在蒙特威尔第的指导下，威尼斯歌剧很快成了欧洲的先锋。

笔者在威尼斯著名的叹息桥前留影

1637年，歌剧首次在威尼斯的剧场公开上演，任何市民都可付钱买票，进场欣赏。威尼斯让原来独属皇家宫廷的高雅艺术大众化，平民化了。不仅蒙特威尔第，威尼斯还吸引了更多的音乐大家来这里创作和演出，例如德国著名的音乐家理查德·瓦格纳就经常出入威尼斯，他70岁时逝世于这座热爱音乐的城市。威尼斯到17世纪末已有17家公众剧院，而当时威尼斯人口不过14万人，平均8000人就有一家剧场。多么豪华的文化盛宴，多么奢侈的高雅享受！这种大众集体狂欢的盛景恐怕在全世界独此一份，这也是当时威尼斯市民拥有巨大财富的一个证明。

以上讲述了威尼斯人在文艺复兴时期给人类文化艺术做出一些贡献，丰富了人类文明的宝库。当然只是东鳞西爪，列举了其中很少一部分。

但是在这里也忍不住要说一下威尼斯人对人类文艺精品破坏。最让人痛心的是雅典帕特农神庙被毁。事情发生于1687年。再次当选为海军总司令的弗朗切斯科·莫罗西尼，率领威尼斯海军反击土耳其。战斗力可怖的威尼斯军队攻势凌厉，攻入希腊，拿下了雅典。雅典卫城上那座著名的帕特农神庙，当时被土耳其守军用作军火仓库。威尼斯军队进攻的炮火击中了神庙，引起了库存军火的猛烈爆炸和熊熊燃烧的大火，这座建筑于希腊时期的最美建筑、雅典城市的象征毁于一旦，变成废墟。1801年后的两年里，英国贵族埃尔金勋爵在神庙创口上撒盐，对神庙造成再次伤害。神庙的雕刻等古物，散落在英国的大英博物馆、法国的卢浮宫、丹麦的哥本哈根博物馆里。19世纪下半叶，神庙曾进行了修复，但无法恢复原貌，仅留有一处残破的外壳。这不仅是欧洲文化，也是人类文明的不可弥补的损失。前几年我去雅典卫城时，在神庙废墟前拍照，心里流着血；更早也去过伦敦的大英博物馆，在那里见到了来自帕特农神庙屋檐上的精美石雕，心中无限惆怅。

美丽的威尼斯有骄傲的历史。人们献给了它"世界的宝盒""亚得里亚女王"等多种美称。1787年的一天，歌德访问威尼斯时，写下了这样一段话："围绕着我的所有事物，都充满了高贵。它们是在众人齐心协力的创造下诞生的伟大的、值得尊敬的作品。这座宏伟的纪念碑，不是为某一位君主，而是全民族的丰碑。"

10年后的1797年，千年水都威尼斯共和国灭亡。

第三章

罗马

文艺复兴完结于此

古都罗马印象

　　罗马城被围在一个直径5公里的圆圈里。

　　特韦雷河从北向西南蜿蜒流淌，河道成S型（与威尼斯的反S型方向相反）。宽阔的河流将罗马城分成两半。河的西侧是世界天主教会的中心梵蒂冈。东侧就是传说中罗马城市建立的发源地，即以帕拉提诺山为首的七座山丘。山丘的周围是古罗马的韦内托城墙，几乎所有的名胜景点都在这座城墙内。

　　罗马城的中心是威尼斯广场。周围有纳沃纳广场，著名的万神殿就在这里，还有古罗马市场遗址和圆形竞技场（也称角斗场）。城市的北部有绿树成荫的博尔盖赛公园，南部有卡拉卡拉浴场。威尼斯广场东部有中央车站。

　　作为罗马古都，应该看和能够看的景点太多了。听到我们希望多看一些景点的要求，导游笑着说："你们就是在这里住几个月也看不完……"我们只能挑重点看。在几天的时间里，我们选择了几条最经典的线路，走马观花看了几处最重要的景点。面对数不清的珍贵古迹却没时间看，实在感觉可惜，只能无奈地安慰自己：没能看到的景点留着下一次看吧。

　　我们的行程从帕拉蒂诺山开始，这是罗马七座山丘中的一座。

⊙　罗马城沃纳沃广场上的喷泉雕塑

由于罗马建在七座山丘之间，也被称作"七丘之城"。古罗马的建国者是一对双胞胎，哥哥叫罗慕路斯（Romulus），弟弟名叫雷穆斯（Remus）。由于家族的仇杀，他们在婴儿时被抛弃。台伯河有情的河水，将他们冲到里帕拉蒂诺山脚下，被一只仁慈的母狼用奶水喂养，后来被一位牧羊人养育长大。

罗慕路斯于公元前753年创建了古罗马国。

为纪念母狼喂养两个孩子这件事，艺术家创作了许多雕塑，在意大利许多地方都能看到。这个"母狼乳婴"的图案，也被定为了罗马市徽。这当然是个神话故事，是为了突出罗马创建者有不同凡响的身世，连母狼都来喂养他们；另一方面也显示罗马人是好斗善战的民族，天生拥有攻击性极强的狼性，后来的历史发展过程证明了这一点。在短短几百年时间里，罗马人就不断地扩张地盘，不断

地征服他族，建立了环
绕地中海的庞大帝国。

⊙ 在罗马许多地方都能看到"母狼乳婴"的主题雕塑

我们站在帕拉提诺山的山头上环视四周。这座山头高约40米，不算特别高，但对于地处平原丘陵地区的罗马来说，算是一个突出的高地。山上有一些古建筑的残垣断壁。导游介绍说这些房子建筑的时间应该是罗马帝国的后期，罗马已经强大，贵族十分富有，将房子建到了山头上。这一带的考古挖掘中也发现了青铜器和古老工具的碎片，让罗马最早在这里建国的传说有了一些早期的物证。一些学者据此断定这里是"罗马的最初城址"。登高望远，视野十分开阔。从山顶往下望，西北面是古罗马广场，东北面是圆形角斗场，历史就在这里展开，发生了多少悲壮的故事。罗马盛极而衰后来破败了，我们只见到撒满阳光的古迹废墟泛出一片金辉，微风吹拂中的枯树衰草不停地飘摆，想象着古时罗马的兴旺景象，一种强烈的历史沧桑感浮上心头。

我们下山来到了古罗马广场，此地曾经是古罗马时代的政治、经济、宗教中心，有众多的宫殿、元老院的会场，是集市交易、巫师祈祷、会议召开的地方。行走于古建筑遗址群中，很容易触景生情，眼前呈现出罗马帝国兴盛时期的繁荣景象，耳边想起了罗马军队攻城略地时的呐喊声，如同涉身于历史的长河中，时时被翻起的浪花所打动。

广场上火神庙、农神庙、恺撒神庙依次排列，可见最初罗马人的多神信仰。他们公平地对待天上凡间的多种神灵，在广场上为他

罗马古城在历史上经过数次劫难，现在许多地方已成废墟。图上是古罗马广场，可试想当年政治文化中心的繁华世界

们一一建筑神庙；一南一北矗立的提图斯皇帝凯旋门、塞维鲁皇帝凯旋门，讲述着帝国征服欧洲各地取得胜利的荣光事迹，他们得胜归来，倾城欢迎，鲜花铺路，享受最荣光的时刻；奥古斯都神殿、卡斯特罗和博尔库斯神殿，重现了当年罗马共和体制下各种政治力量汇聚，团结一心，让罗马成为世界著名的帝国。我们在元老院的座席上略坐一时，体会一番，好像见到当年贵族元老为决定国家政策而激烈争辩的场面；站在广场演讲台的下面，又仿佛听见政客们站在台上滔滔不绝的演讲声。罗马人以希腊人为师，掌握了良好的演讲技巧。政客翻动三重不烂之舌，拼命说服民众求得支持。口才好的滔滔不绝，迷住了听众；而口才欠佳、或者演讲的话题不合民意，则会得到嘲笑和嘘声。谈论中，治国大计确定；千里外，军队

挥戈前进。罗马帝国靠着自己的体制优势和士兵们的刚毅不屈，最终征服了欧洲。

在近千年时间内，罗马城100多万人，每天在500多个豪华的浴场里游泳，娱乐，在全城1152个公共喷泉、36个凯旋门间聚会聊天；想看戏剧或者角斗表演，城里有两个巨大无朋的杂技场、两个大角斗场、两个露天剧场、三个半圆形剧院；想安静地读书，城里有28个图书馆。

古罗马文明是人类的财富、文明宝库的瑰宝。为了保护古罗马的遗迹，如今的罗马政府竭尽全力尽可能地保持原貌，如果需要修复也尽量做到"修旧如旧"，这是一种保护遗迹的正确做法，也得到了游客的一致赞赏。走在古罗马广场上，不禁油然会对古罗马文化油然产生出深深的敬意。罗马文明是对古希腊文明的继承和发扬，古希腊—罗马文明是人类早期历史发展中重要文明体，古代罗马人为人类文明发展作出了重要贡献。

古罗马建筑奇观

罗马建筑独树一帜

树有根，水有源。雄伟的古罗马建筑是对古希腊建筑艺术的继承和发展，让后辈们无限敬仰。古罗马建筑也有胜于前辈的优点，那就是更加宏伟的规模、复杂的结构、繁杂的装饰等，这些要靠更先进的技术手段才能完成。如果说希腊人是理念先进的建筑设计师，罗马人就是能够将复杂的设计图纸变成建筑物的高级工程师。罗马人发扬光大古希腊艺术的辉煌成就，理解并传承了古希腊建筑和谐、完美、崇高的特点。正是在罗马人的努力下，希腊神殿所体现的隐藏在石头里边的神秘精神，转变成为市民大众居住其中的各种精致建筑物所炫耀的世俗流行文化。

早在中世纪时期，正在复苏的建筑艺术风潮就是源于古罗马建筑而形成的罗曼式建筑文化。之后的巴洛克建筑、洛可可建筑，都追随着古罗马式建筑，形成了一个个完整的建筑文化单元。由文艺复兴开先河，大量的巴洛克建筑与罗曼式建筑开始在罗马复兴，罗马终于演变成真正意义上的世界建筑之都、西方古典建筑的博物馆。如今谈到欧洲古典建筑，人们不能不为其传统的风格、恢弘的气魄

散发出的独特的建筑魅力而赞叹，"罗马柱""罗马雕塑"等建筑元素也被广泛地应用于今天的建筑设计之中。

这些刀刻的绘画、凝固的音乐、石头的艺术，表现了当时台伯河两岸的人们达到的最高艺术水平，是人类灿烂文化的珍贵积累。就是这些古迹启发了后来发生的文艺复兴运动，为之提供了借鉴。古罗马文明积淀的厚实土壤，成为文艺复兴的基础；又好像黑夜空中闪亮的电光，在人们的头脑中掀起了文艺复兴的风暴。要想知道为什么文艺复兴运动最初会发生在意大利土地上，可以从古罗马的遗迹开始研究，在古建筑的墙缝里隐藏着一条条隐秘的线索。

⊙ 古罗马圆形竞技场（俗名"角斗场"）雄姿

象征国威的圆形竞技场

　　离开古罗马广场上的遗迹，我们沿着帝国市场大街奔向圆形竞技场（俗名"角斗场"），这是古罗马最大的建筑奇迹之一，也是迄今遗存的古罗马建筑工程中最卓越的代表，是古罗马帝国国威的象征。角斗场建造于公元80年，建造者是罗马帝国的第9位皇帝韦斯帕芗。

　　进入角斗场内，才能感觉到这座建筑宏大的规模。场地能容纳5万人以上，可以与现代的大型体育场比美。我们在场内走来走去，无论在哪个位置都能感受到那种震撼的气势。虽然随着岁月流逝角斗场已经破败，但是仍然能够感受到当年角斗竞技时的狂热气氛。获得了73届奥斯卡最佳影片奖的《角斗士》电影里再现了当时决斗的场面，身体健壮的主演罗素·克劳演技出色，获得了最佳男主角奖。

　　还有比角斗场规模更大的竞技场所，地点在马西莫。站在帕拉提诺山上，向下可以望到这个地方。只是大部分建筑如今都没有了，只剩下一片原野，成为市民散步的地方。据说当年的大竞技场能够容纳15万人，扩建后甚至能容纳25万人。在这个大型的竞技场里，经常举办4匹马拉战车的疯狂比赛。好莱坞电影《宾虚》讲述的就是发生在这个竞技场里的故事。

罗马最大的凯旋门——君士坦丁

君士坦丁凯旋门十分出名。建造这座凯旋门是为了纪念君士坦丁皇帝的功绩。君士坦丁的一生富有传奇色彩，他是第一位公开信仰基督教的君王。312年，他战胜了强敌马克森提统一了帝国。3年后的315年，修建了该凯旋门。这是一座三个拱门的凯旋门，21米高，是罗马最大的凯旋门。凯旋门的里里外外有各种浮雕，精美绝伦，丰富多彩。但专家说，凯旋门的装饰虽然花哨，却缺乏整体性，因为凯旋门上的许多浮雕板是从其他建筑上拆取来的。总的来

◉　君士坦丁凯旋门是罗马城中规模最大的一座凯旋门

说，凯旋门雄伟、典雅、美观。虽然经历了两千年的风雨仍然保持了当时的完美造型，显示了古罗马高超的建筑艺术水平。当年拿破仑来到罗马见到了这座凯旋门大加赞赏，将其做为日后所建的巴黎凯旋门的蓝本。

记录历史的图拉真纪念柱

公元96年至180年期间，罗马出了五位贤明的皇帝，被称为五贤帝。这一时期是继屋大维奥古斯都之后罗马帝国最强盛的时期。

◉ 图拉真纪念柱就是雕刻在石头上的战争图像长卷，极具历史文献价值

这一时期里，和平安定，政治清明，经济繁荣，社会稳定，与之前帝国腥风血雨的一百年形成截然不同的对比。图拉真是五贤帝中的第二位。他在位期间对外发动战争，将罗马帝国的疆域扩张到历史上最大的范围。

位于图拉真广场上的图拉真纪念柱就是为纪念他远征罗马尼亚获胜而建造。该柱用18块产自希腊的大理石砌成，30米高。圆柱上的浮雕达114幅，画面长达200米，自下而上螺旋状上升，讲述的是图拉真打胜仗的事迹场面。浮雕不仅极其精美，具有很高的艺术水平；而且画面写实形象，极有史料文献价值。浮雕再现了战场上

⊙　万神殿是古罗马建筑中保存最完好的建筑物，
是继希腊神庙建筑艺术的又一发展高峰

的历史场景，地理环境、人物特征、民族风俗、军事装备、战役布
阵等都合乎历史真实，好像是那个时代的写实照片，给后世留下了
一份极其珍贵的形象资料。

设计精妙的万神殿

　　万神殿是唯一一座完整保存至今的罗马帝国时期的建筑。该殿
始建于公元前27年，由屋大维的女婿阿格里帕建造，用以供奉奥林
匹亚山上的诸神，可谓奥古斯都时期的经典建筑。公元80年的火灾
烧毁了万神殿的大部分。如今所见的万神殿主体建筑是哈德良皇帝
于120年建造的。哈德良也是五贤帝之一，继图拉真执政。

　　万神殿整体为圆筒状，高43.4米，圆形屋顶上开有直径为9米的圆形天窗，这是极为独特的设计。万神殿结构上最大的特点是发明了大穹顶，后来的佛罗伦萨圣母百花大教堂、圣彼得大教堂都是学习了其穹顶的建构方法。在现代结构出现以前，万神殿一直是世界上跨度最大的空间建筑。米开朗琪罗称赞万神殿是"天使的设计"。万神殿是古罗马建筑中保存最为完好的建筑物，是继希腊神庙艺术的又一发展高峰。

神殿正门前是希腊式的圆柱。我们走进殿内，发现神殿墙壁上没有窗户。光线从屋顶上圆形的天窗里照射进来，弥漫在马赛克的地板上，产生出一种庄严肃穆的气氛。顺着圆形的教堂慢慢走动，努力追寻罗马时代的遥远感觉，我看到顺着环形的墙壁建造了一些墓地，安葬着意大利的许多名人。导游给我们一一介绍，其中有为意大利统一做出了贡献的埃马努埃莱二世、翁贝托一世等，当他指着一个石牌说是画家拉斐尔的墓地时，我们肃然起敬。

万神殿供奉有罗马所有的神，这又一次提醒我们当年的罗马是多神教的国家，表现出宽容精神。其实，罗马的神都是从希腊奥林匹斯山上请来的，只是将神的名字改成了罗马的名字。例如，众神之王宙斯改成了朱庇特，神后赫拉改成了朱诺，爱神阿佛洛狄忒改名为维纳斯，智慧女神雅典娜改名为密涅瓦等，只有太阳神没改名，都叫阿波罗。这个事实又提醒我们罗马文化源于希腊文化。虚心向先进文化学习，体现出罗马的好学精神。

豪华的公共浴场

导游告诉我们观光行程中有古罗马公共浴场项目时，我开始不以为然，心想浴场有什么好看的？等来到卡拉卡拉大浴场进入一看，才明白自己小看了公共浴场。浴场不光是古罗马市民的重要生活场所，而且是一座规模巨大的建筑物。

卡拉卡拉浴场建于212年，用了4年时间才建成。建造者是喜欢打仗的卡拉卡拉皇帝。一些历史学家认为罗马帝国就是从这位皇帝开始由盛转衰的。该浴场是一个16万平方米的综合生活娱乐设施，除了3万平方米的浴场外，还包括图书馆、竞技场、散步道、健身房等，相当于现代社会里的大型休闲娱乐中心。场地极其宽敞，结构合理适用，设备技术先进，装饰极度豪华。浴场内分为冷水浴室、温水浴室、热水浴室、蒸汽室等，可让两千多人同时洗浴。

公共浴场反映出罗马市民富裕奢华的生活方式。据说罗马鼎盛时期公共浴场多达几百所，平均一两千人就有一所浴场，数量惊人。罗马人酷爱沐浴，因此有人说："泡在浴室里的罗马人。"经常洗澡，保持清洁，对罗马人强身健体肯定有益；但随着社会风气变得腐化，公共浴场逐渐成为藏污纳垢的场所。浴场一开始还规定，男女要分开沐浴，后来变成男女混浴，风气变得乌七八糟。

极具美感的古罗马引水渠

古罗马的公共供水渠代表人类历史上最早的公共饮用水系统。对生命来说，水的重要性仅次于空气，比食物都重要。早在两千年前罗马人已经开始规划和建设公共饮水系统。古罗马修建第一条引水渠的时间是公元前310年。罗马城先后修建了11条大型引水渠，据说部分渠道今天仍可以使用。大量的引水渠不光保证市民日常的清洁饮水，而且为城市提供巨量供水，让市民们能够在几百座公共浴场里享受戏水的快乐。由于有数条引水渠，罗马成为喷泉之城。古罗马文明达到的高度令人观为叹止。

对罗马水渠工程有突出贡献的两位工程师，分别名叫维特鲁威和弗朗提诺。前者著有《建筑十书》，总结了水渠建造的许多工程技术问题；后者曾任罗马水务专员，组织领导了许多引水渠的设计施工工作，著有《论罗马城的供水问题》一书。

引水渠是项壮观的工程建筑，如果想去看需要到罗马郊区。我

◉　古罗马引水渠是欧洲古代最伟大的水利工程　摄影/段亚兵

们没有时间去罗马郊区，但几年后我在西班牙的塞戈维亚看到了一
条当年罗马人建的引水渠。塞戈维亚当年是罗马的行省，我见到的
引水渠是极其雄伟的一项工程：水渠是用花岗岩巨石建造，坚固犹
如当年，两千年的风吹日晒对它没有丝毫影响。石墙顶上是用砖头
砌成的水槽，清澈的泉水顺着水渠流入城市。由于离地面很高，墙
体被砌成3层，向上层层变窄，墙体更显得稳固。墙体上建有成排的
拱门，既为减少墙体的重量，也让墙体变得玲珑通透。石墙横穿南
北，在瓦蓝色的天空背影中像一道白色的长虹；半圆形拱门上下三
层排列整齐，仿佛是通向古罗马的时光隧道。这不光是一个实用的

市政工程，更是一座极具美感的建筑
艺术品。

质量极佳的古罗马大道

出了罗马城区，能够看到古罗马
的另一项壮观工程——罗马道路。罗
马能够有效地统治全境，就是因为有
罗马道路。道路四通八达，出现了一
句"条条道路通罗马"的俗语。

随着帝国的崛起，版图的扩大，
罗马从公元前500年开始大建道路。
鼎盛时期的罗马，有近30条大道辐射
式向外延伸。据说全帝国境内的113
个省份共建筑了372条大道，总长超
过40万公里，其中多数是用凿成弧形
的厚石块铺设的。

◉ 笔者在西班牙的塞戈维亚看到了非常完
整的古罗马引水渠

在古罗马，这些大道就是今天的高速公路。罗马的政令随着这
些宽阔的大道有效地到达四方，再远角末梢之地，也能进行有效的
统治。这些道路快速地运输罗马军团，使罗马在一次次的征战中保
持着高效率。这也是一条商道，让全境的贸易活动畅通，从而造就
了罗马繁荣的经济面貌。

古罗马的第一条大道是建于公元前312年的阿皮亚大道，建造者
是罗马执政官阿皮乌斯·克劳狄。我们看完卡拉卡拉浴场遗址后，
一直南行来到了阿皮亚大道。大道的路面用多边形石板铺成，质地
优良。虽然经过两千多年时间的阳光曝晒，雨水浸泡，车轮滚压，
路人行走的踩踏，当年平整的石块已经凹凸不平，石块间的灰泥勾

缝基本上没有了，但是道路并没有变形，路面没有塌陷。听导游说，这些道路都是由当年的罗马军团建造的，实在不能不敬佩古罗马军人的认真态度和精湛的施工技术。有专家评价说："这样的工程根本不像是出自人类之手，简直是大自然的鬼斧神工。"

之所以用许多文字讲述古罗马建筑，是因为这些与后来发生的意大利文艺复兴运动有密切的关系；列举这些具体的建筑物，因为它们是古罗马建筑中的精品。看到过有文章概括了古罗马的"建筑七大奇迹"，虽列举的建筑名单不大一致，但不管按照哪一个名单，基本上不出以上内容。

古罗马人是建筑大师、优秀工匠。他们在建筑技术、艺术上达到了当时人类能够达到的高峰。这些技术水平、艺术成果，启发了文艺复兴时期的科学家、工程师和艺术家，为他们头脑中的奇思妙想提供素材。古罗马是文艺复兴新思想良种发芽的土壤和艺术佳酿酝酿发酵的酒窖。

意大利的统一之路

罗马最大的城市广场

　　这一天我们来到了威尼斯广场。这里是罗马最大的城市广场，是罗马的中心区和交通总枢纽，罗马五条大街汇合与此。广场长方形，有点像威尼斯的圣马可广场，左侧有一栋文艺复兴建筑风格的大楼，名叫威尼斯宫，是当年威尼斯驻罗马的大使馆。雄伟的大楼地处中心区位置，证明了当年威尼斯共和国的政治地位和雄厚实力。可能就是因为这两点原因，广场命名为威尼斯广场。

　　广场中央有一栋新古典风格的白色大型建筑，气势雄伟，装饰华丽。不知道为什么，该建筑有"结婚蛋糕"和"打字机"两个绰号。整栋楼的前半部分是一个圆形结构，这可能被一些人联想到了结婚蛋糕；而大楼整个形状倒是有点像旧式的打字机，可能由此而得名吧。但是多数人承认这栋大楼确实很漂亮，围成半圆形的16根圆柱尤其让人印象深刻，这种典型的罗马柱排列方式让人联想到古罗马昔日的辉煌。而白色的大理石的装饰，又让我想起了古罗马皇帝奥古斯都自豪的感言："我将砖块的罗马变成了大理石的罗马。"

　　在这个广场上有许多可圈可点的雕塑和景观。雄伟大楼的名字叫维多利奥·埃马努埃莱二世纪念堂，大楼前有一座骑马人的塑像，这位人物就是埃马努埃莱二世。之所以如此隆重地纪念他，是因为他是意大利统一的功臣。大楼建成于1911年。

大楼两边方柱形楼顶上各有一组雕塑，只见张开翅膀的女神，驾驶着4匹骏马牵拉的战车在飞奔。雕塑有主题，右边是"热爱祖国和胜利"，左边是"劳动的胜利"。大楼中部那部分突出的"结婚蛋糕"圆环形墙壁上有一座大型浮雕，画面上人物高大逼真，密密拥挤在一起，感觉很有冲击力。从大楼正门的台阶上走下来，两侧各有一座喷泉，象征着环绕意大利国土的两片大海。东边是亚得里亚海，西边是第勒尼安海，意大利的国土形状像一只巨大的靴子伸入海中。

席卷长空的劲风不知疲倦地吹拂大地，一波未平一波又起的浪涛不断地冲刷着漫长的海岸，动荡不安的意大利充满了危机却也蕴藏着活力。

艰难的统一路

在欧洲各国中，意大利算是统一比较晚的国家，直到19世纪中期还处于分裂状态，大部分地区受外国各种势力操纵控制。

中世纪后期意大利土地上兴起了许多城市国家。一段时间里这些国家实力雄厚，富可敌国，傲视群雄，睥睨一切。可能就是因为枭雄并立，逐鹿大地，都想争夺地盘，人们无暇考虑整个意大利统一的问题。当时在人们的心目中有"佛罗伦萨人""威尼斯人""罗马人"这样的意识，单单没有"意大利人"的概念。英国历史学家阿诺德·汤因比在研究中发现，14世纪意大利中部的独立国家数量，甚至比1934年全世界独立国家的数量还要多。

后来，意大利周边崛起了法国、西班牙、奥斯曼等大国，各个城邦国家都感受到了威胁。可能就是在危机大增的压力下，意大利人萌发出统一国家的想法，并开始付诸实践。其中的一次努力是由罗马教皇推动的。盐野七生在《神的代理人》《优雅的冷酷——切萨雷波吉亚的一生》等书里详细地讲述了这个曲折的故事。

教皇亚历山大六世（1431—1503，1492—1503年任教皇），本名罗德里哥·波吉亚，出生于西班牙。他是历史上极具争议的人物。

他的儿子切萨雷·波吉亚（Cesare Borgia）更是当时意大利的政坛枭雄、时代骄子。"切萨雷"是意大利的发音，这个词按照拉丁语的念法就是"恺撒"。也许就是因为有了这个名字，让他有了古罗马皇帝恺撒的雄心，想做出统一意大利的壮举而青史留名。切萨雷是波吉亚家族中最恶名昭彰又最具魅力的成员。他年轻英俊，生性残忍，做事毫不留情。连达·芬奇都是他的粉丝，说他拥有"宁静的面孔和天使般清澈的双眼"。教廷的军队在他的率领下所向披靡，迅速扩大了罗马教廷的领地。如果不是发生突然的变故，意大利的统一事业很有可能会在这对父子手中实现。但是，看来上帝并没有站在他这一面。1503年8月，罗马城中正流行着瘟疫，他们父子双双染病。年迈的教皇很快死去，切萨雷仗着年轻身体好，虽然捡回了一条命，但是他由于父亲的离世而后台倒塌失去了保护。新教皇夺走了他的军权，他数次被软禁，被迫走上逃亡的道路。这一次统一意大利的事业功败垂成。

伊曼纽尔成为国父

意大利统一的道路走得曲折而艰难，一直拖到了18世纪。1796年，拿破仑占领了意大利，建立了意大利王国，算是现代史上意大利的首次统一。但王国没有维持多久，1815年，拿破仑战败投降，欧洲列强召开的维也纳会议上，意大利王国被肢解。意大利的北中部归奥地利的哈布斯堡家族统治，南部归西班牙波旁王朝统治。教皇则恢复了在罗马及其领地的统治，只有撒丁王国保持了一定的独立性。

1848年1月，西西里岛爆发人民起义。同年11月，罗马人民起义；1849年2月，起义成功建立了罗马共和国；7月，共和国被法国、奥地利、西班牙和西西里王国联军颠覆。1850年后，意大利民族复兴运动再度高涨，终于在1861年召开的第一届全意大利议会上，宣布成立意大利王国，撒丁国王伊曼纽尔为国王。再后来，1866年普奥战争后意大利收复威尼斯；1870年普法战争后罗马回归意大利。同年，教皇被剥夺世俗权力，退居梵蒂冈。意大利统一事业最后完成。

伊曼纽尔由撒丁国王成为意大利国王。由他完成了意大利的统一大业，因此成为国父。他那座骑马前进的高大雕像被竖立在威尼斯广场上。

意大利文艺复兴运动终结于罗马

　　罗马城虽然在古罗马时代极其辉煌，但在历史上也曾经受过三次劫难。第一次是公元410年西哥特人洗劫了罗马城。第二次是公元455年汪达尔人更彻底地毁坏了罗马城。如果说这两次是"蛮族"对罗马城的劫掠，发生于1527年的第三次浩劫则是基督教教徒对基督教大本营的攻陷。

　　16世纪，欧洲的几个君主制的大国已经崛起，意大利却仍然处于分裂状态。大国中，法国与神圣罗马帝国势均力敌，争斗得最为激烈。当时罗马的教皇是克莱门特七世（1478—1534）。他是佛罗伦萨美第奇家族的成员，原名叫朱利奥·美第奇，担任教皇的时间是1523—1534年。他想依靠法国的力量，摆脱神圣罗马帝国的支配。

　　1527年，两国的军队在意大利大地上摆开战场。数次交手后，神圣罗马帝国的军队得胜，却没有得到应得的军饷。于是，3万多人的神圣罗马帝国军队哗变，调转枪口向遍地是黄金的罗马城进发。虽然此年代的欧洲人（包括军人）绝大部分都是基督徒，但是基督徒分属天主教和新教不同派别。哗变军队中有近一半人是日耳曼雇佣兵，他们是新教教徒，并不把罗马天主教教廷放在眼里。

　　5月5日，造反的军队抵达罗马城下。罗马的守军不多，除了教皇的瑞士卫队外，还有一些民兵。当时的罗马实际上是一座不设防的城市。5月6日黎明，炮声响起，造反的军队开始攻城。战斗只持续了8个小时，到中午时分大局已定。忠于职守的瑞士卫兵几乎全部战死。正是由于有瑞士卫兵的拼命保护，克莱门特七世教皇才能通过秘密通道，逃到城外的天使城躲起来。罗马城被乱兵整整蹂躏了3日。已经变成土匪的士兵烧杀抢掠，不但洗劫市民家庭，而且破坏了许多著名建筑，罗马城几乎成为废墟。

当时有一名跟随军队进城的西班牙卡洛斯国王的家臣目睹了抢劫的惨象。他在报告中写道："整个罗马都被破坏了。圣彼得大教堂、教皇宫殿如今都已变为马厩……大兵已经成为一群强盗，无法指挥。德意志雇佣军更是行径野蛮暴虐……所有的贵重物品和艺术品不是遭到破坏，就是被盗抢一空。"这次事件史称"罗马之劫"。历史学家认为，"罗马之劫"标志着意大利文艺复兴运动的终结。

罗马经历的"三次浩劫"对罗马城造成了极大的破坏。大量的罗马式建筑被毁坏，宏伟美丽的罗马古城消失了。现在游客来到罗马城观光旅游，看到的并不是古罗马城市的原貌，而是后来历代重新建起的新罗马城。尤其是文艺复兴后，欧洲的建筑风格的风向变了，巴洛克等建筑风格开始流行。今天的罗马城里所见到的更多是巴洛克、洛可可等那种浮华夸张风格的建筑。古罗马那种宏大、厚重、坚固、实用的建筑风格很难传承下去了。罗马，历尽沧桑，物是人非，随着伟大时代的消失，罗马城也改变了模样。

如今走在罗马的街区里，很少能见到古罗马时代的完整建筑，更多看到是一些遗迹和废墟，当时那些优秀的罗马建筑，或者只能在油画中见到原来的模样，或者从文学作品的描写中想象壮丽的式样。人类千辛万苦创造了灿烂的文明，又亲手毁掉了辉煌的文明成果。创建文明的是人类，破坏文明的也是人类，功过是非，实在难以评说。像这样的愚蠢错误，人类会继续下去吗？

让我们多少得到些安慰的是，今天的罗马市政府对保护古罗马城市废墟做了很多补救工作。由于他们的努力，让今天的游客还能依稀看到当年罗马宏伟壮丽城市的一点影子。

文艺复兴运动在意大利虽然终结，但并没有消失。它像夜空中的一道闪电，照亮了欧洲大地。文艺复兴运动在欧洲的许多国家继续发展，深刻地改变了欧洲历史的前进方向，穿透时空，直到今天我们仍然能够感觉到当年意大利发生的那场文艺复兴运动的强力影响。

第四章

梵蒂冈

神学与艺术齐飞

天国之城在人间土地上落脚

上帝的梵蒂冈城

梵蒂冈城在特韦雷河的西岸。从市区去梵蒂冈城，有两座桥相通。一座是埃马努埃莱二世桥，沿西北方向斜跨蓝色的河流到达河对岸；另一座是圣天使桥，向北越过河流，然后顺着道路向左转也可以到达梵蒂冈城。这一天，我们乘车来到梵蒂冈城。

梵蒂冈是国中之国，城中之城。其国藏身于意大利，其城位于罗马城的一个角落里。梵蒂冈是全球领土面积最小，人口最少的国家。国土面积只有0.44平方公里，人口842人。住在城中的人不算多，但是领导的教徒可不少，据说天主教教徒有12.5亿，占基督徒全部24亿人口的一半多。梵蒂冈城是世界天主教中心。

按照天主教的教义，教廷是天国在地上的代表机构，大概相当于一个国家在另一个国家设立的大使馆吧。梵蒂冈的词义是"先知之城"。教廷负责管理人的灵魂和精神方面的事，而对物质、世俗方面的事不用多操心。这些民众俗事归各国的国王管理。《圣经》上早有规定："上帝的归上帝，恺撒的归恺撒。"因此，按理说教皇是不需要有土地这种物质俗物的。那罗马教廷怎么就永久地得到

⊙ 梵蒂冈城内的圣彼得广场宽敞雄伟

了一块土地呢？

　　这件事要从法兰克的丕平说起。公元5世纪，法兰克人成为欧洲舞台上的一支重要力量，建立了墨洛温王朝。公元756年，王朝的宰相丕平将包括罗马在内的一大块土地赠给了罗马教皇，史称"丕平献土"。丕平献土当然不是白送，要搞交易，罗马教皇支持他篡夺政权建立了加洛林王朝。"丕平献土"对于教廷意义重大，从此让教皇国在人间拥有了一块约4万平方公里的土地，是现在0.44平方公里的10万倍。由于种种复杂的原因，教皇没能保住当时那样大面积的土地。

教廷搬出又搬回

　　公元13世纪，教皇的权力达到了顶峰。罗马教廷内部也出现了严重的派系斗争。1307年，教皇克莱门特五世将教廷搬到了法国南部的阿维尼翁。教廷在此近70年后，虽于1377年迁回罗马，但引发了几十年的教会大分裂，直到马丁五世继位。1420年，教皇马丁五世将教廷搬回了罗马，此时的罗马一副破败相。1348年发生的大瘟疫让罗马人口锐减，加上罗马豪族权贵争权夺利，管理混乱，街头盗贼出没，城镇荒凉萧条，民不聊生，十室九空，庄严豪华的教堂竟然变成了马厩用来养马。

　　就在这个时候，意大利文艺复兴运动的萌芽出土，整个社会开始走向繁荣。自教廷搬回罗马，世界各地天主教徒捐献的金钱、贡物、艺术品等大量涌向罗马。梵蒂冈重新聚集财富，大兴土木搞建设，城市面貌焕然一新。

文艺复兴第一位教皇

　　这时期教廷选出了新教皇尼古拉五世（1397—1455），他被称为"文艺复兴时期第一位教皇"，值得详细介绍。教皇的原名叫托马索·巴伦图切利，出生于意大利赛雷拉一个中产阶级的家庭，从小喜爱读书。在他还是一名教士时，将所有收入都用来购买书籍，甚至借钱买书苦读，成为饱学之士。他加入了人文主义者的社交圈，因此接触到了文艺复兴人文主义新思潮。他本人甚至成为一名赞成人文主义的杰出学者，22岁时获得博士学位，后来升任红衣主教。老教皇过世后，他当选为新教皇。意大利的人文主义者为这一结果欣喜万分。有人甚至评价说："柏拉图的理想国已经在世间变成现实，哲学家成为了国王。"

　　教皇尼古拉五世即位时心里有三个愿望：当个好教皇，重建新罗马，恢复古典文学、艺术和知识。他凭借教廷的巨大财力，派遣了很多使者到欧洲各地购买或者抄写希腊文、拉丁文书稿，无论这些书籍是异教的还是基督教的统统都要；他在梵蒂冈建立了一个大型的抄写和编辑中心，邀请意大利所有知名的人文学者来罗马翻译希腊和罗马的古典名著。他写得一手好字，因此有时亲自抄写书稿。由于他付给学者们的报酬丰厚，甚至使得教廷财政一时告急，引起各地教会的不满。有人为此指责他："将教徒虔诚捐给教廷的钱，花到了异教徒和无神论者身上，有意思吗？"然而教皇我行我素，不理睬这些非议。1455年3月24日，教皇尼古拉五世去世，享年57岁。去世时，他决定建造的梵蒂冈图书馆已藏有1500多册珍贵书籍，这成为他留给后世最有价值的学术遗产。

就是这位教皇，决定要翻新梵蒂冈城，重建圣彼得大教堂。当然，这是一项极其沉重的任务，不是一位教皇能够完成的。其中的曲折容后文慢慢道来。

引起文艺复兴思潮发生更早的人

虽然尼古拉五世有"文艺复兴时期第一位教皇"的称号。但是还有一种看法，认为引起文艺复兴思潮发生还有更早的人，而且也是宗教界的名人——圣方济各。盐野七生在《文艺复兴是什么》一书中详细介绍了该人的事迹。盐野七生将圣方济各"排在了文艺复兴的第一个"，评价说："他作为一名神职人员，无疑是个异类。"

圣方济各（1182—1226）原名叫弗朗西斯科·贝纳多那。他出生于意大利古城亚西西一个富裕的家庭。小时候他过着花花公子一般的优裕生活。他是当地青年贵族的领袖，玩乐无度，狂欢饮宴。他身体虚弱，20岁时患了一场大病，好不容易病愈后，想参军又吃不了苦，再次患病，由此开始了一连串激烈的心灵挣扎。24岁时挣扎达到了顶点，愤怒的父亲将他带到主教面前，废除了他的继承权。此后他穿粗布衣，打着赤脚，清贫度日，进行隐修，一生过着使徒式的贫穷生活。

这有点像东方的释迦牟尼。年轻的王子有一天走出皇宫看到民间的贫穷和疾苦，就突然觉悟，离家出走，后来在菩提树下修炼成佛。

圣方济各是12世纪中期的人，生活的年代比文艺复兴时期早300多年。他一生修行，是天主教方济各会的创始人。方济各会当时是天主教中人数最多，影响力最大的修会。亨德里克·房龙对他的评价很高，认为他是整个人类精神的为数不多的救星之一。他那种对人生乐观向上的精神，使得许多人从逆境中奋起。他的思想深入人心，让人们寻找到了以前从未想过的幸福。毫无疑问，他是一位成功而伟大的思想家、哲学家……是中世纪最深刻的人，是那个时代的闪光点。

　　绘画是对文艺复兴运动起到重要推动作用的艺术门类。圣方济各对绘画发展也有突出贡献。他认为教堂是人与神相会的地方，装饰不宜豪华。但是通过绘画的形式讲述《圣经》中的故事，让很大一部分目不识丁的人理解教义很有必要。以前的教堂其实也有类似的做法，用镶嵌工艺把《圣经》的内容以"图解"的形式绘制于墙上。但是镶嵌工艺制造费很高，而且给人一种富丽堂皇的感觉，这个不好。而当时一些画家开始尝试一种湿壁画的画法，就是在半干的灰浆上面快速作画，费用低，效果好，显得朴素又大方。他积极提倡这种湿壁画，圣方济各修会的教堂里有大量的湿壁画，其中不乏精品。盐野七生评价说："没有圣方济各，壁画艺术就得不到复兴。"

圣彼得教堂

圣彼得广场上的廊柱

我们来到了圣彼得广场。该广场是由天才设计家贝尼尼设计，于1667年建成。

圣彼得广场太漂亮了，真是人间少有的天才设计。广场长340米，宽240米，能容纳30万人。站在宽敞的广场上，视野宽阔，环境宁静，令人内心感觉平和。意识到这里是教皇之城梵蒂冈，旁边就是神圣的圣彼得教堂，更让人产生出一种说不清的神秘感觉。

广场两边各有一排半圆形的圆柱长廊，与一般长廊的单排圆柱不同，是由4排圆柱组成的，据说共有284根圆柱。圆柱的顶上有142个人物雕像，这是历届教会树立的圣徒，栩栩如生，是雕塑精品。

圣彼得广场之所以美丽，是因为有这样环状繁复的长廊；长廊之所以漂亮，是因为有成排的多利克式圆柱。为了说清楚究竟如何漂亮，有必要对圆柱的来历做一番介绍。最初是希腊的能工巧匠发明了圆柱。圆柱分为三种：多利克式、爱奥尼亚式和科林斯式。多利克式圆柱的特点如下：柱头是倒圆台，没有装饰，柱子直接安放在地面上，没有圆形基座，柱身中段微微鼓起，模仿肌肉受力后的

⊙ 圣彼得广场上最有特色的建筑可能要算圆环廊柱，
廊柱由设计者得名，称之为贝尼尼廊柱

状态，因此被称为男性柱。雅典卫城的帕提农神庙采用的就是多利克式柱。爱奥尼亚式柱柱身相对纤细，柱头上有两个相连的圆形涡卷装饰像女人头上的卷发，被称为女性柱。科林斯式柱是爱奥尼亚式柱的变体，区别在于柱头上不用涡卷纹，而是有毛茛叶纹装饰，看起来像一个花枝招展的篮筐。

这样一说，圣彼得广场上的长廊采用多利克式柱是有充分道理的。梵蒂冈城是男性之城，没有女性，用"男性柱"当然最为合理；廊柱用多排柱而不用一排，显示出教廷的富有和排场。事实上天主教堂就是以排场为特点的，相比之下，新教教堂就比较简朴。

广场的中央矗立着一根高41米、来自埃及的巨大方尖碑，导游介绍说是1856年竖起来的。巨型方尖碑更增加了广场的气派和教廷的威严。想一想200年前能从埃及运来如此巨大的神碑，能不感觉到教会拥有何等巨大的财力和深不可测的力量？方尖碑两旁各有喷泉喷着水花，流水涓涓不断，给广场增加了秀色灵气，增添了欢乐气氛。

导游指导我们站在广场中央的一块白色大理石上，环视长廊圆柱，能看到一个不可思议的景象：4根一列的圆柱变成了单根，只能看到最前面的那根柱子，后面的3根都藏在了这个柱子的身后。应该说建筑设计师有很高的数学知识水平，计算得十分精确。此奇妙的景观让人叹服。

如果时间安排得合适，游人在圣彼得广场上还可以看到更多的奇特景观。我们时间有限，就只能靠导游的描述弥补。圣彼得教堂右侧的建筑里有教皇的书房，每个星期天的中午，教皇会出现在最顶层右边第二个窗户口招手，向聚集在广场上的人们祝福。秘密选举教皇是最重要的日子，多年才有机会举行一次。每当选举仪式结束，教皇办公楼顶上的一个烟囱里会冒烟，通知教徒新的教皇已经选出来了。

教堂的大门口有士兵守卫，他们是瑞士雇佣兵。士兵身穿红黄蓝三色条纹制服，头戴的帽子上有高高扬起的红色羽毛，看上去有些古怪，容易让人联想到公鸡的大红冠子。导游解释说，这是古代骑士的服装式样。教皇的卫兵身材高大魁梧，手握古代兵器长戟，显得威风凛凛。1527年"罗马之劫"中，神圣罗马帝国哗变的军队打过来时，一百多名瑞士卫兵坚守岗位流血牺牲，无一人后退。从此以后聘请瑞士人当卫士成为教皇国的传统。

圣彼得大教堂

圣彼得大教堂根据不同的译法，也叫圣伯多禄大教堂。圣彼得曾是一个在加利利湖边捕鱼的普通渔民，耶稣收他为门徒，给他起名西门彼得。以前我去以色列时，曾两次到过加利利湖，在那里听到了很多关于这位渔民追随耶稣的故事。彼得作为耶稣的第一个门徒，地位高，名分重。耶稣蒙难前授予他开启天国的钥匙。因此，圣彼得雕塑的样子，一般都是右手高举着金钥匙，左手捧着一本《圣经》。传说彼得后来来到罗马传教，那时罗马皇帝是尼禄，基督教还没有被承认为合法宗教，传教活动受到压制。此时罗马发生了冲天大火，尼禄诬称纵火者是基督徒，彼得被处死。处死彼得的地点就是在圣彼得大教堂大厅中间的地下，当年这里还是一片荒地。人们根据刻画在一块红色岩石上的文字记号确定了这个地点。

最初的圣彼得教堂由君士坦丁大帝修建，时间是公元326年。一千多年后的1503年，新任教皇尤里乌斯二世决定重建圣彼得教堂。这项工程太浩大了，工期延续了120年，直到1626年11月18日才宣告建成。此次重建教堂时间始于文艺复兴时代，因此很多文艺复兴的巨匠都为其出力，做出了贡献。其中，1514年拉斐尔任总监，1547年米开朗琪罗任总监。

教堂的外貌雄伟庄重。正面是对称的结构，宽115米、高45米。有8根高大的圆柱排列中间，两侧又各有2根方柱。教堂的屋顶上有13座站立的雕像，中间是耶稣，两边各6人，是他的12个门徒。屋顶两侧还各有一座大钟，钟的指针位置不同，右边显示格林威治时间，左边显示罗马时间。教堂门前另有一座高大的圣彼得雕像，雕刻刀法细腻，面容表情逼真，是雕塑精品。

我们进入教堂大厅，眼前豁然开朗，仿佛进入了高大深邃的溶洞。这是世界上最大的教堂，总面积2.3万平方米，也是最金碧辉煌的教堂。教堂装修豪华，溢彩流金，到处摆满了圣物和宝器，仿佛进入了阿里巴巴发现的藏宝库，让人有一种目不暇接的感觉。如果恰巧遇到在大厅里举办弥撒仪式，整个大厅就会挤满教徒，达6万人之多，相当于体育场的容纳量。大厅里行人摩肩接踵，有一种人流如长河、人群如大湖的感觉，场面真是壮观极了。

教堂中央是高大的圆形穹顶，直径42米，离地面高120米，穹顶让整个教堂显得空旷雄伟、敞亮辉煌。穹顶的设计者是米开朗琪罗。穹顶下是圣神的祭坛。祭坛由一个罕见的巨型青铜华盖覆盖着，高度相当于5层楼房；支撑华盖的是4根螺旋形铜柱，粗大的柱子拧得像麻花，视觉冲击力极强。华盖前面的半圆形栏杆上点燃着99盏长明灯，据说永不熄灭。华盖的下方是祭坛，祭坛的地底下是圣彼得的坟墓。只有教皇才有权登上这个祭坛，主持盛大的弥撒仪式。祭坛上有一座镀金的青铜宝座，宝座上面又有一把木椅，椅背上有两个小天使，手持开启天国的钥匙和教皇的三重冠帽。传说这把木椅就是当年圣彼得坐过的椅子，名字叫"圣彼得的椅子"。这里应该是大教堂最核心的场所，安放此处的青铜华盖和青铜宝座这样两个巨型艺术品的设计者是贝尼尼。

教堂里有高大的石柱、宽阔的墙壁、圆形的穹顶、光亮的大理石地面，富丽堂皇，美轮美奂。大厅里到处都有色彩艳丽的油画、精美绝伦的浮雕、造型优美的雕像、巧夺天工的工艺品，让人琳琅满目，目不暇接，感觉进入了艺术珍品宝库。

大殿的左右两边各有一个小殿堂。每个小殿堂也少不了大量的壁画、浮雕和雕像。里面的宝贝太多了，我不可能一一去介绍，我只说两个我特别有感觉的作品。一个是米开朗琪罗的雕塑《圣母哀痛》，这个作品最大的特点可能是圣母的形象特别年轻，像一位少女。米开朗琪罗的想法是："圣母玛利亚是纯洁、崇高的化身和神圣事物的象征，所以必然能够永远保持青春美丽的容颜。她那永恒的青春与高贵的形象，象征着人类追求美好事物的理想。"这幅作品出名，可能有几个原因：一是作者创作时很年轻，只有24岁。青春才华一亮相就赢得一片喝彩声。二是摆放在大教堂进门右手边，显赫的位置让进门的人很容易看到，因此是参观人气最旺的雕塑。这个作品影响太大了，在许多博物馆都有复制品。

另一个是《拉奥孔》。这个作品摆放在梵蒂冈美术馆里。作品表现的是拉奥孔和他的两个儿子被几条长蛇紧紧缠绕濒临死亡的恐怖场面。凡是看到过这个作品的人都过目难忘。这个作品是公元前

1世纪由古希腊雕塑家阿格桑德罗斯父子创作，1506年在罗马的提图斯浴场遗址附近挖掘出土，被罗马教皇尤里乌斯二世收藏。这个雕像是古希腊古罗马艺术品的典范，在许多照片上都能看到。

奇才贝尼尼

前文中我们已经说到，圣彼得广场、青铜华盖、青铜宝座3个重要作品都是由贝尼尼设计的。贝尼尼的全名叫乔凡尼·洛伦佐·贝尼尼（1598—1680），意大利那不勒斯人。7岁时随全家迁至罗马，很早就显露出艺术才华，据说8岁尝试创作小孩头像，让他父亲大吃一惊。17岁开始接到大主教的订单，20多岁时创作《大卫》雕像，初露锋芒有了名气。1623年他25岁时，被新教皇乌尔班八世请到梵蒂冈。贝尼尼47岁时开始创作《圣德列萨祭坛》，12年后才完成。这一作品被誉为"17世纪艺术上的卓越成就"。58岁时开始设计建设圣彼得广场柱廊工程，并参与圣彼得教堂里一些项目的设计，这些作品获得极大成功。1680年11月28日贝尼尼逝世，终年82岁。一颗艺术巨星陨落了，他的作品为罗马争得了永恒的荣光。

贝尼尼给罗马设计的艺术精品太多了。纳沃纳广场的四河喷泉就是一例。纳沃纳广场在罗马城的西部，与梵蒂冈城隔河相望，这是一个椭圆形的广场，一天到晚热闹非凡。画家们随处支着画板作画，浓妆艳抹的艺术家在街头卖艺，小摊贩们摆开地摊吆喝卖货。广场上有贝尼尼创作的四河喷泉。"四河"是多瑙河、恒河、尼罗河、里约·德拉·普拉达河，这四条河流代表着欧洲、亚洲、非洲和美洲四块大陆。大江大河怎么用艺术的手段表现呢？他的办法是拟人化，用大理石雕琢的四位神人形象代表大江大河。这些雕像也可以理解成是四大河流的河神吧。喷泉的中间是一座假山，山上有一座埃及式的方尖塔指向蓝天。四位河神老人面朝四个方向坐着，不同的坐姿和神态代表了河流的不同精神状态。尼罗河河神手拿一

⊙ 圣天使桥上的天使雕塑姿态各异，神采飞扬，
是艺术精品

块头巾将脑袋遮住，一定是嫌非洲气候太炎热；多瑙河河神头发飘扬、胡须鬈曲，让人联想到荷马史诗中的神人形象；恒河河神斜身侧坐，手持船桨，悠闲地在长河里泛舟；普拉达河河神是一个黑人形象，他坐的岩石上撒落许多金币，暗示美洲拥有惊人的财富。

再例如圣天使桥上活泼的天使雕塑。通过圣天使桥就到达了圣天使城堡，这座桥出名是因为桥梁的柱头上有12尊天使雕像。贝尼尼就是有本事，他雕刻的天使们姿态各异，神采飞扬，衣裙柔软，飞带飘逸。他刀下的石头就像丝绸一样柔软，真是令人感到惊讶。

作为雕塑家，有人喜欢将贝尼尼与雕塑巨匠米开朗琪罗做一番比较。正好有一个现成的例子：两人都创作了《大卫》雕像。米开朗琪罗的《大卫》形象人人熟悉：英俊少年挺拔站立，沉着冷静，尚未动作但力量已在积聚，随时可能爆发雷霆之火——这是战士临战前的状态；贝尼尼的《大卫》眉头紧皱，咬紧牙关，扭身弯腰，正在扯开投石器的绳索，感觉战斗已经开始。人物形象夸张，表情近乎凶恶，动作大胆激烈，结构充满张力，透出了巴洛克的艺术风格。从贝尼尼的《大卫》雕塑和其他一些作品，能够感觉到新秀想要突破大师的传统成熟技法，表现出艺术上的创新精神。贝尼尼走出了自己的新路子，是西方雕刻史新时代出现的一个标志。

贝尼尼一辈子在罗马勤奋工作，苦心创作，精雕细刻，给罗马留下了众多永垂不朽的艺术杰作。有人这样评价说："如果没有贝尼尼磅礴的柱廊、华丽的拱顶、鲜活的雕像、流畅的弧线，就没有富丽华美的罗马，也不会开创巴洛克绚烂豪华的风气。"

所谓"巴洛克"原意是指变形的珍珠，形状不匀称，带有贬义。这种建筑风格的特点是华丽而过于夸张，繁复而显得累赘，不对称而在不稳定中寻求美感。

在西方艺术史上，贝尼尼是一个跨时代的人物，既是文艺复兴时期的雕塑建筑家，也是巴洛克艺术风格的开创者，是欧洲17世纪最伟大的艺术大师。

文艺复兴的艺术三杰

　　圣彼得大教堂是一座教堂的巨无霸、繁复多样的艺术宫殿。不光有宽敞如广场的教堂大厅，还有众多的博物馆、美术馆、绘画馆、图书馆等。按照设计的观光路线，巨大的宫殿分为两层参观，一层有绘画馆、庇护—克雷芒博物馆、埃及博物馆、图书馆、基亚拉蒙蒂雕塑陈列馆、西斯廷礼拜堂等；二层有伊拉里亚美术馆、地图陈列室、拉菲尔展览室、拉斐尔走廊等。

　　宫殿里的艺术珍品太多了，我们只能挑选重要的看看。在这本书里更是只能介绍一些最重要的人和作品。

雕塑巨匠米开朗琪罗

　　现在我们要开始介绍文艺复兴时期的"艺术三杰"。第一位是米开朗琪罗，他的绘画作品的代表作是《创世记》，这幅画是西斯廷教堂的天顶画。

　　米开朗琪罗（Michelangelo，1475—1564），出生于佛罗伦萨卡普拉斯小山镇。由于母亲去世早，举家迁往佛罗伦萨投奔其叔父，米开朗琪罗在佛罗伦萨完成了他的艺术启蒙和最早的专业训练。他

13岁时进入佛罗伦萨著名画家多梅尼科·吉兰达伊奥工作室学画，后来又进了佛罗伦萨统治者洛伦佐·美第奇开办的"自由美术学校"，拜贝托多·乔凡尼为师学雕刻。洛伦佐发现了他的超群才华，给他提供了极好的学习条件，特别开放宫廷中大量的艺术精品供他苦心研习。在学院和宫廷的4年学习经历，为他的艺术创作打下了坚实基础。米开朗琪罗具备了伟大艺术家应有的素质和条件。

1492年，洛伦佐·美第奇过世，美第奇家族被推翻。为躲祸乱米开朗琪罗逃离佛罗伦萨。他20多岁时在罗马居住5年，创作了一批作品。其中为圣彼得教堂制作的《哀悼基督》大获成功，使他成为一颗冉冉升起的巨星。这一年米开朗琪罗23岁。1513年后，他又创作了著名的《摩西》《被缚的奴隶》《垂死的奴隶》等雕塑作品。

我十分喜欢《摩西》雕像。20多年前我写作文化游记《行动中东》里摩西的故事时一时找不到感觉，看了一些图片还是不行，后来就是看到了《摩西》的雕塑后有了灵感。从雕塑摩西的模样和神态，我仿佛了解了这位两千多年前带领犹太人走出埃及的先知。后来在许多博物馆里多次看到过这座雕塑的复制品，这次来到罗马才完整地了解了这座雕塑的身世，原作就存放在圣彼得教堂的镣铐教堂里。

1512年，美第奇家族重新在佛罗伦萨掌权，米开朗琪罗可以回家乡了。从此以后他在佛罗伦萨和罗马两地工作居住，直到去世。

米开朗琪罗的雕塑精品很多，其中人们最喜欢的可能要数创作于1504年的《大卫》了。我是在佛罗伦萨韦奇奥宫前的广场上见到这座雕塑的，以前只看过图片，感觉一般，见到真物，才知道是一座巨型雕塑像。大卫雕塑高3.96米，加上底座高达5.5米，站在这样巨大的雕塑旁，仰望着栩栩如生的大卫形象，确实让人震撼，当时在现场的那种感觉终生难忘。

大卫是公元前1000年左右时的以色列王，以色列国就是在他那个时期实现了统一。雕塑表现的是年轻的大卫与非利士人的大力士

⊙　米开朗琪罗的雕塑代表作《大卫》

哥利亚作战的情景。这是《圣经》中最著名的故事之一，以前已有很多雕塑家据此创作，一般多选取大卫战胜哥利亚后将他的头颅砍下来踩在脚下的场景。而米开朗琪罗没有落入俗套，他选择大卫面对强敌毫不畏缩、即将投入战场时的姿态，是一个体态健美、十分自信、拥有必胜气概的少年英雄形象。《大卫》是西方美术史上最刚健优美的男性裸体雕像之一。

米开朗琪罗的两幅绘画代表作

西斯廷礼拜堂属于圣彼得教堂的一部分，但又是一座独立的建筑物，位置在圣彼得大教堂的北侧。这里是教皇的礼拜堂，也是选举新教皇的场所。

礼拜堂里最著名的艺术作品就是由米开朗琪罗绘制的《创世纪》巨幅绘画，这是世界上最大的壁画，算得上米开朗琪罗绘画的代表作。由于绘制于礼拜堂的天花板上，所以被称作"天顶画"。1505年，应教皇尤利乌斯二世邀请，米开朗琪罗赴罗马绘制天顶画。创作从1508年开始，到1512年完成，历时4年5个月。

《创世纪》是按照《圣经》的版本，讲述上帝创造人类的故事。9幅画面，分别是《神分光暗》《创造日月草木》《神分水陆》《创造亚当》《创造夏娃》《原罪——逐出伊甸园》《挪亚献祭》

◉ 米开朗琪罗的绘画代表作《创造亚当》（局部）

《大洪水》《挪亚醉酒》。画中绘出了343个人物，场面宏大，人物刻画震撼人心。

位于组图中央的《创造亚当》画面是其中最动人心弦的场景。裸体的亚当躺在山坡草地上，天空飞来了上帝，向亚当伸出了胳膊，两人的手指即将接触……这个画面，说的并不是上帝创造亚当肉身的时分，而是要点醒他灵魂的一刻。

还应该介绍一下米开朗琪罗的另外一幅绘画代表作。1537年，完成《创世记》25年后，受教皇克莱门特七世委托，米开朗琪罗重新回到西斯廷教堂，完成另外一幅宏伟的壁画《最后的审判》。此时他已是62岁的老人。这幅画场面巨大，出现了近400个人物。绘画用时长达6年。学者们认为，这幅画代表了米开朗琪罗绘画上的最高成就，是绝世佳作。

西斯廷教堂的墙壁上，有文艺复兴时期的著名画家波提切利、基兰达约、佩尔吉诺等绘制的《基督传》《摩西传》等选自《圣经》中的许多故事。最后由米开朗琪罗的《最后的审判》做了总结。这幅画绘制在墙面上，覆盖了教堂的整个祭坛墙。内容反映的是耶稣再次降临，对人类做出最终审判的情景。这幅画因此被称为

"绘画史上的《神曲》"。关于这幅画有许多有意思的细节。导游讲解说，米开朗琪罗把自己也画进了画面里：基督脚边有一位粗壮的大力士手里提着一张人皮，人皮上的人脸就是画家的自画像。猛一听导游这样说感觉有点恐怖，但仔细一想，既然是世界末日的最后审判，每个人都应该待在画中，米开朗琪罗给自己安排一个位置倒不奇怪，只是这样的表现方式有点怪异。

还有一点，这幅画里的人都被画成了裸体。既然是世界末日，大家等待着审判结果，或者上天堂，或者下地狱，"赤条条来去无牵挂"，此时裸体应该是合理的。但是基督等人也被画成了裸体，恐怕有点大不敬。据说，教皇保罗三世要求画家改画面，但是米开朗琪罗不予理睬。教皇也就没办法了，总不能自己拿着画笔去修改吧。但实际上，保罗三世内心深处应该是喜爱这幅画的，因为他决定让罗马市民都来参观这幅画，如果不喜欢不可能这样做。后来米开朗琪罗去世了，新教皇庇护四世不用顾忌什么了，他命令画家丹尼尔给这幅画中的人都穿上了腰布或遮羞物，连耶稣都披上了丝带。市民们再次看到这幅画时，不是由此产生出崇敬之情，而是大笑不已，他们给丹尼尔加上了"会穿裤衩画家"的头衔。

无论是"大师""巨匠"，还是什么最尊敬的字眼，都没有办法形容米开朗琪罗对人类艺术的伟大贡献。天文学家将在星空中新发现的3001号小行星以"米开朗琪罗星"命名，以此来表达对他的敬意。

绘画大师拉斐尔

拉斐尔（Raphael，1483—1520），出生于佛罗伦萨东面的乌尔比诺镇。由于父亲是位画家，他幼年时就受到了良好的美术启蒙。12岁时，拉斐尔来到佩鲁贾师从画家彼得罗·佩鲁吉诺学习绘画，完全掌握了老师精细逼真的绘画技巧。21岁时，拉斐尔来到佛罗伦萨，受伟大艺术中心的教育和熏陶，他的艺术视野大为开阔。拉斐尔认真地学习达·芬奇和米开朗琪罗的风格，将两人的长处融为一体，创造出自己独特的风格。25岁时拉斐尔已经确立了自己的美学原则，他出众的才华体现在众多的作品中。这时拉斐尔来到了罗马发展事业，受到了教皇尤里乌斯二世的热烈欢迎，年轻的他被梵蒂冈教廷授予"首席画家"的头衔。31岁时他已名震天下，教皇列奥十世要求他主持圣彼得教堂的建造工作，任命他为大教堂的首席建筑师。这期间拉斐尔为西斯廷教堂创作的《西斯廷圣母》风格甜美抒情，得到了众人的一致好评。1520年4月，拉斐尔在罗马逝世，年仅37岁。

拉斐尔虽然是"美术三杰"中最年轻的一位，但是他在西方美术史上的地位并不低。专家认为，他的作品代表了文艺复兴时期绘画的巅峰。

名人荟萃的《雅典学院》

在教堂右侧2层楼上设有拉斐尔展览室，一共有4个房间。拉斐尔从25岁开始的12年里一直在这里作画，直到他37岁去世。

展览室分别命名为"火灾之屋""署名之屋""埃里奥多拉之屋""君士坦丁大帝之屋"。其中的一些画是拉斐尔去世后由他的弟子完成的。

4个房间里的"署名之屋"最重要，因为里边的作品基本上是由拉斐尔自己完成的。这间画室里的作品包括《雅典学院》，对面的《圣餐中的议论》，还有其它一些画作，包括他的自画像。

我站在《雅典学院》巨幅画像的前面，仔细观看，慢慢欣赏，久久不愿离去。拉斐尔将希腊雅典时期的名人都画入这幅画里。最中心位置的人物是柏拉图和亚里士多德。身穿红袍的是柏拉图，他一手握着"时间"，另一手指着天空；而身着蓝袍的亚里士多德则

◉　拉斐尔的绘画代表作《雅典学院》

一手握着"伦理",另一手指向大地。两种对立的手势代表了两位哲人对立的思想观点。站在左边的台阶上身穿绿袍的是柏拉图的老师苏格拉底,他正与身边的色诺芬说着话。色诺芬是雅典历史学家,他根据亲身经历写的《长征记》是传世名作。身着盔甲的亚历山大大帝站在更左边,他率军挥戈征服了希腊。右下角头戴树叶冠帽的是古希腊哲学家、创立了花园学派的伊壁鸠鲁。台阶最下边,数学家毕达哥拉斯蹲坐在地下,在一个书本上写着字。挨着他的是古希腊哲学家德谟克利特,他坐在石桌旁边想边记,原子唯物论学说就是他提出的。石阶中间处斜躺着一位半裸的老人,他是古希腊犬儒学派的代表人第欧根尼,就是他懒洋洋地对亚历山大大帝说出了那句名言:"请你躲到一边去,不要挡住我的太阳。"画面右下方一组人物正俯身聚在一起讨论，其中有一位躬着身子，手执圆规，在一块板上比画的是几何学家欧几里得。他身后身穿黄袍、手持黑色球体者，是创立了地心体系理论的天文学家托勒密。他身边手持蓝色球体的蓄须老者，是古代波斯拜火教主琐罗亚斯德。最有意思的是画中作者的自画像，他头戴深色圆形软帽，站在最右边，正调皮地注视着我们。

雅典出现了人类文明史上第一个思想高峰，涌现出许多哲学大师。每当我阅读古希腊哲学家的著作，经常为他们睿智的思想而惊叹，对他们为人类思想做出的牺牲和贡献而感动。以前读书时，只能在心里与他们对话。突然有一天看到了拉斐尔的这幅画，他召集来思想大师聚集在雅典学院的大教堂里讨论问题、研究学问，视觉冲击十分震撼。而且拉斐尔腾挪时空，竟然把更久远的古波斯琐罗亚斯德、更晚时的埃及托勒密等人都安排在雅典学院里，是意大利版的"关公战秦琼"，反映了他天马行空的想象。

如果说作为肉体的他们不太可能聚集在一起，但作为精神体的他们完全有可能同处一室进行讨论和交锋。因此欣赏这幅画的感觉十分奇妙，虽然明知是一次想象的聚会，但感觉十分真实。这幅画让我对雅典哲学家的群体形象有了一个完整的认识。雅思贝尔斯提出人类有过一个"轴心时代"，这个时代的思想先知、哲学家的一些思考，决定了人类思想史发展的方向。这幅画中的许多人都算得上轴心时代的人物。拉斐尔的画不但是笔墨的精品，而且有哲学历史的思考。

全才达·芬奇

文艺复兴时期的一个特点是出现了许多精通各门技术和艺术的全才，其中最突出的当属达·芬奇。虽然他在罗马没有留下太多的艺术痕迹，但是他当过罗马教廷卫队总司令切萨雷·波吉亚的军事顾问，而切萨雷是教皇亚历山大六世的儿子。达·芬奇由此与罗马教廷有了关系，因此可以在这里加以介绍。

列奥纳多·达·芬奇（Leonardo da Vinci，1452—1519），佛罗伦萨芬奇镇人。达·芬奇是全才，拥有画家、雕塑家、建筑家和工程师等多种名头，小时候就显露出艺术才能，父亲就把他送到当时享有盛誉的画家、雕塑家韦罗基奥画室学画。达·芬奇在那儿接受了多方面的训练，不仅有绘画和雕刻，也有机械制作技术，甚至接触到人体解剖。青年时的达·芬奇很帅气。据说老师韦罗基奥创作出形象俊美的大卫青铜雕塑，就是以他为模特的。

达·芬奇的一生可以分为几个阶段。第一阶段米兰时期（30—47岁）是他在科学研究和艺术创作上成熟、多产的时期。他的著名绘画作品祭坛画《岩下圣母》、大型壁画《最后的晚餐》等完成于这一时期。第二阶段米兰时期（54—61岁）里他继续作画，曾受委托准备为占领米兰的法国将军创作一尊骑马雕像，为此忙了好多年，但最后委托人放弃了这一计划，让他白忙活了一场，只留存下雕塑的草图和小型青铜模型。1513年达·芬奇来到罗马。此时此刻"美术三杰"齐聚于罗马，历史的聚光灯聚焦于此，是意大利文艺复兴最炫目的时刻。当时米开朗琪罗、拉斐尔，风头正健，炙手可热，但达·芬奇却被冷落，是一件非常奇怪的事情。达·芬奇65岁时接受法国国王弗兰西斯一世的邀请来到法国，两年后的1519年5月2日，在法国安布瓦斯的克鲁庄园逝世。

达·芬奇一生中留存下来的绘画作品仅17幅，其中还有一些是没有完成的草图。但这些作品却获得了崇高的地位，成为世界文化宝库中的珍品，受到历代艺术家的推崇。例如，绘制在米兰格雷契修道院饭厅墙壁上的《最后的晚餐》，是他的负有盛名的作品之一。这幅画说的是耶稣被捕前与门徒最后聚餐的场面。画面中人物的布局十分特别，就餐的人全都坐在画面上方餐桌的一边。这种画面虽然不符合常理，却能够让观众们方便地看到那一时刻里所有人的面容表情，是那样的丰富，或惊恐，或愤怒，或怀疑，或慌张，唯独画面中间的耶稣反而表情十分平静。画面上的重要主题与独具匠心的构图配合得如此完美，让这幅画成为不朽的经典。据说达·芬奇同时代的人，曾经把这幅画看成是世界七大奇迹之一。

再例如，《蒙娜丽莎》是达·芬奇51岁时创作的作品。据说蒙娜丽莎的原型是威尼斯的一位公爵夫人。达·芬奇为创作这幅画倾注了自己所有的心血。画面上蒙娜丽莎那"神秘的微笑"和天下无双的"美丽玉手"让看过画的所有人着迷。画作完成后，由于达·芬奇太喜欢这幅画了，不舍得交出，连夜打包，工钱不要了，与仆人卷铺盖逃走。这是他极为珍爱的作品，始终带在身边不离左右，最后留在了巴黎。

我去过巴黎卢浮宫三次。各次自然会选择看一些不同展品，但每次都一定要去看看《蒙娜丽莎》。这幅画是卢浮宫的三大镇馆之宝之一，看的人特别多。我前两次看时，由于不大的场地里挤满了人，远远地看不清楚。2018年有机会到巴黎参加中法设计品牌高峰论坛，当时卢浮宫正在维修期，接待我们的主办方神通广大，疏通好关系，竟然专门安排我们少数人参

◉ 达·芬奇的绘画代表作《蒙娜丽莎》，拍摄于法国卢浮宫　摄影/段亚兵

观卢浮宫。这次我得以在最近距离仔细地欣赏了这幅画，一直没有彻底解渴的渴望之心这次真正得到了满足。

达·芬奇的画作只是他为人类文明做出贡献的一半，另一半贡献在科学技术方面。可以说达·芬奇终生都在进行研究工作。他40岁左右开始进行艺术与科学论文的写作，研究的内容主要集中在绘画、建筑、机械学、人体解剖学等方面；对地球物理学、植物学和气象学的研究也始于这一阶段。晚年的他极少作画，潜心科学技术方面的研究。达·芬奇去世时留下大量笔记手稿，内容几乎无所不包，更可贵的是研究论文中附有大量的插图。从他留下的手稿看，当时能够达到他研究水平的人实在不多。例如，达·芬奇认为地球不是宇宙的中心，只是一颗围绕太阳运转的行星。他提出这些观点早于哥白尼的"日心说"。达·芬奇对解剖学研究很深，准备出版一部专著，为此绘制了200多幅插图。达·芬奇设计出"达·芬奇机器人"，这是历史上的第一个机器人设计方案（设计于1495年，但遗憾的是直到1950年才被发现）。达·芬奇对鸟的飞行做了详细研究，设计出了数部飞行器，包括直升机、滑翔翼等，他甚至制作出了一架飞行器，但试飞失败了。建筑工程方面，他设计和监工建造了米兰护城河。达·芬奇当过切萨雷·波吉亚的军事工程师，当然对武器会有很多设计思考，他设计的军事机械包括机关枪、坦克（动力靠人或马拉动）、子母弹、降落伞、潜水艇（用猪皮制成），等等。

达·芬奇名为《哈默手稿》的著作，堪称为一部15世纪科学技术的百科全书。虽然是几百年前的东西，但是一些设计原理和精密复杂的设计构思并不过时，可与现代设计方案媲美。1994年，微软总裁比尔·盖茨以3080万美元的价格购买了达·芬奇的《哈默手稿》。有人问他买这个有什么用？盖茨说："因为我需要它。"

学者评价说，"美术三杰"的艺术成就达到了西方造型艺术的第二次高峰（首次高峰出现于古希腊）；仅绘画而言则达到了欧洲的第一次高峰。其中尤以达·芬奇最为突出，恩格斯称他是巨人中的巨人。文艺复兴运动养育了大批的建筑师、雕刻家、画家、文学家和诗人，为意大利，为欧洲，为全人类，做出了重大贡献。

教皇扮演的角色

罗马教廷与文艺复兴是什么关系？教皇在文艺复兴运动中扮演了一个什么样的角色？这是一个饶有兴趣的问题。让我们先理出几条线索。

一是同处一地。天主教廷在罗马。文艺复兴从佛罗伦萨发端，在威尼斯等几个城市发展，在罗马达到高峰并结束。同处一地，让人感觉是共生共存共荣的关系。而按照一般教科书的说法，文艺复兴宣扬人文主义精神，提出以人为中心而不是以神为中心，肯定人的价值和尊严，倡导个性解放，反对愚昧迷信的神学思想，则更多强调的是对立的关系。从实际情况看，恐怕共存因素多过对立因素。否则难以解释它们为什么会出现在同一个国家（意大利），甚至同一个城市（罗马）。

二是都对艺术感兴趣。绘画最直观，对社会发生的变化最敏感，因此文艺复兴最先表现在绘画、雕塑等艺术上。而许多教皇是绘画等艺术品的热心赞助者和收藏者，特别是梵蒂冈城收藏了文艺复兴时期几乎所有大师的作品。

教皇为什么对艺术感兴趣呢？他们是要支持文艺复兴运动中产生的新艺术，从而促进文艺复兴运动的发展吗？当然不是。教皇对绘画、雕塑感兴趣。是因为这些艺术品表现的是神学的题材，讲述的是神和圣徒的故事，描绘出的是天堂的美景、地狱的可怕。有了这样形象、直观、生动的教材，就可以更好地普及圣经知识，特别是让不识字的教民对天堂地狱有直观的感受，劝说人们皈依宗教。然而出乎教皇预料的是，艺术固然成为宣传天国、教会的好手段，但是更成为促进文艺复兴发展的有力武器。

三是改变生活方式。物质决定精神，经济基础决定上层建筑。文艺复兴运动之所以发生，是由于人们生活方式的改变、社会的变化引起的。这方面最早产生重大影响的当属圣方济各。而圣方济各绝不是特例，其他宗教界人士，甚至教皇也有很大改变，比如说号称"文艺复兴时期第一教皇"的尼古拉五世；重用人才的教皇尤里乌斯二世，他让米开朗琪罗绘制西斯廷礼拜堂天花板上的《创世纪》，让拉斐尔绘制《雅典学院》等壁画；美第奇家族的教皇利奥十世，他最喜欢拉斐尔，也许是交给拉斐尔的任务太重压垮了他，使大师英年早逝（37岁），而第二年正当壮年的利奥十世也跟着去世（45岁）。有人评价说："两位有才华的年轻人让罗马的文艺复兴发出了最炫丽的光彩。"

至于说民间风气的改变就更加明显了。农民进入城市，逐渐转变成商贩和手工艺人；市民中的一部分人富裕了，开始追求生活的享受；掌握了财富的有钱人，开始追逐权力，想取代贵族成为社会的主人。城市居民不再安于现状，渴望过上自由的生活；温饱问题解决后，又有了精神文化方面的追求，观看和收藏绘画雕塑，进入剧场欣赏歌剧，喜欢购书读书，以丰富自己的知识，提高文化修养，等等。

这些变化，像淙淙山泉，聚集成溪流，汇合成江河，冲垮了旧的封建秩序，塑造了新的市民社会。情况可能就是这样变化的：人的思想行为、生活方式的变化引起了文艺复兴的兴起，而文艺复兴运动反过来又让市民群众产生了新欲望，有了新要求。运动越来越深入，范围越来越广阔，最后文艺复兴成为滚滚洪流，席卷了全欧洲，为欧洲后来的社会文化进步和生产方式的巨变打下了基础。

以上几条说的是教皇与全社会比较一致的地方，算是积极因素；但二者也有不一致的地方，罗马教廷起了一种消极的作用。主要表现在对待新出现的科学思想的反对和压制。从中世纪开始，新的科学思想就不断酝酿出现。但是，新思想、新观念像是大地里冒出的新芽，刚一出土就遇到了萧瑟的天气，寒风凛冽，冰封霜打。与对待艺术鲜花欣赏、鼓励的态度形成鲜明对照，罗马教廷对科学思想始终持反对的态度，不断地打压，尽全力围剿，不但不允许科学家公开发言、自由发表自己的论文，甚至要消灭他们的肉体。

这又是为什么呢？因为科学理论颠覆了《圣经》上所讲的创世故事。罗马教廷将古希腊天文学家和占星家托勒密（100—170）的"地心说"天文学理论顺手拿过来，为《圣经·创世记》增添了浓厚的理论色彩。教廷说服教徒确信：上帝创造了万物，地球是宇宙的中心；上帝创造了人类，人类是上帝的子民，应该听上帝的话。而上帝的想法是由教廷传达的，因此民众应该绝对地服从教廷，就像服从上帝一样。这是罗马教廷设计的一套完美的话语体系。但是，文艺复兴时期由哥白尼、布鲁诺、伽利略等人研究、宣扬的"日心说"，给予"地心说"沉重的打击。罗马教廷感觉到自己的绝对权威受到了威胁，因此对研究出新科学思想的科学家们强烈反对，绝不饶恕。

综上所述，我们大概可以看出，罗马教廷在文艺复兴时期扮演了一个十分复杂的角色，既有积极的一面，也有消极的一面；对文艺复兴运动既起到了推进作用，也起到了一种阻碍作用。

单就艺术而论，许多教皇是有水平的欣赏者和有力的推广者。他们对这些画作的真心喜爱，影响了当时的社会风气，将教堂最重要的墙面和屋顶用来制作巨幅画卷，方便教徒和市民群众参观欣赏，对宣传推广这些作品起到了积极作用。最重要的是，靠着教堂，将这些绘画作品完好保存，将文艺复兴精神传承了下来，让我们这些普通的游客能够一睹当年艺术大师们的精品佳作。这是一件功德无量的好事。如果没有罗马教廷的努力，可能很难有那么多艺术大师创作出那么多的精品力作，我们也就不可能看到文艺复兴时期的许多传世之作了。这不是溢美之词，而是实事求是的说法。

第五章

比　萨

伽利略的故乡

比萨斜塔数百年不倒

　　这一天我们来到了比萨。比萨不能不来，因为这里有斜塔。

　　来看斜塔的人可能各有不同的心思。有人看惯了笔直的塔身，只想体验一下看斜塔的感觉；科学意识比较强的人，想搞清楚斜塔百年里不倒的原因；还有喜欢操心的人，怕斜塔突然哪一天会倒掉，趁它还在时赶紧来过目留一些回忆。

　　这一天风和日丽。虽然我以前已经在图片上多次看到过斜塔的样子，但是在现场看到斜塔时真的有一种震撼的感觉。首先，斜塔很漂亮，以白色大理石建造，在蓝色天幕的衬托下更显得洁白壮丽，塔身披上一层阳光闪现出圣洁的光辉。其次，斜塔是圆柱形的。在我的记忆里，方形的塔见得多，大型的圆形塔好像没见到过。如果与西安的大雁塔相比一下，方形塔雄伟刚健，圆形塔圆润妩媚，各有妙处。再次，斜塔显得玲珑精巧，分为8层，每一层柱子环绕，柱子之间有拱门连接。众多的拱门装饰了斜塔，显现出玲珑剔透的风格。

　　斜塔不是一座孤零零的塔，是一组建筑中的一部分。这组建筑坐落于城市北面的教堂广场上，包括大教堂、洗礼堂、墓园和钟楼（即比萨斜塔）。建筑群的外部墙面均以白色大理石装饰，显得豪

◉ 建筑奇迹——比萨斜塔

华大气。而这4个项目建成的时间不同，早的建成于11世纪，晚的建成于14世纪，时间跨度达300多年。由于建成于文艺复兴时期以前，所谓的文艺复兴式式样还没有形成，这组建筑是罗马式建筑风格，厚重显得高贵，大气不乏灵巧。教堂广场于1987年被列入《世界遗产名录》。

比萨斜塔（也就是钟楼）动工的时间是1173年。最初负责此项目的建筑师名叫纳诺·皮萨诺，但他没看到钟楼最后完工的样子，因为钟楼建筑了200多年才竣工。钟楼塔身高54.45米。据说钟楼动工几年后，建到第三层时，就发现塔身开始倾斜了。但建筑师认为问题不大，就继续施工一直到最后建成。后来塔身倾斜得越来越厉害，塔顶的垂心离塔基中心点向南偏移了3.5米。倾斜成了这个样子了竟然还不倒，真的是建筑的奇迹。

　　从安全考虑，1990年斜塔被当地
政府关闭。我2000年到比萨时，斜塔
还是关闭状态。虽然不能攀登，但是
游客仍然兴趣很高。大家一边惊叹斜
塔的奇妙景观，一边抓紧时间拍照。
很多人摆着姿势照那种"特技照"：
一些人伸出双手，做出扶住斜塔不倒
的动作；有人在更远处取景，把斜塔
扛在肩膀上，这是想当托塔李天王的
意思吧。

　　比萨城市靠斜塔出了名，但在中
世纪，比萨就是一个相当有实力的城
市国家。比萨临海，是地中海沿岸的
强大航海国家，曾经与热那亚、威尼
斯争夺海上霸权。13世纪末比萨开始

⊙　比萨斜塔旁边的圣乔瓦尼尼洗礼堂

衰败，成为热那亚、佛罗伦萨的手下败将。1405年比萨归附佛罗伦
萨，成为二等城市。

　　比萨之所以出名，还因为出过一位科学家大人物——伽利略。
伽利略是比萨人，一段时间里又任教于比萨大学。就凭着伽利略一
个人，这座城市、这所大学就青史留名了。

比萨出了个伽利略

伽利略是比萨的骄傲

伽利略（Galileo，1564—1642）是比萨人。这座城市养育了他，而伽利略也为家乡争了光。

伽利略的家族是比萨的贵族，但后来没落了。在伽利略11岁时，全家迁居到佛罗伦萨，他进入修道院学习。17岁时伽利略遵从父命进入比萨大学学医，但他更感兴趣的是数学、物理等自然科学。在研究中，他开始以怀疑的眼光打量那些自古以来被人们奉为经典的学说。21岁时伽利略因家贫退学担任家庭教师，学业虽中断，自学更努力，22岁时他写出论文《天平》，一鸣惊人，引起全国学术界的注意，有人称他为"当代的阿基米德"。

荣誉帮他找到了工作，这一年比萨大学聘他担任数学教授。比萨大学是欧洲最古老的大学之一。官方宣称大学的创建时间为1343年9月3日，但据说其历史可上溯到11世纪。比萨大学给了伽利略机会，而加利略让比萨大学扬名世界。

伽利略在比萨大学教学3年。他研究教堂吊灯摆动的周期性，发现了摆动原理。28岁时伽利略到威尼斯的帕多瓦大学任教，到威尼斯是因为在文艺复兴时期威尼斯是世界上最自由的地方。伽利略在帕多瓦大学任教18年，深入而系统地研究了落体运动、抛射体运动、静力学、水力学以及一些土木建筑和军事建筑等，发现了惯性原理，研制了望远镜、显微镜、温度计等。在帕多瓦大学的18年，是伽利略一生中工作最开展、精神最舒畅的时期，也是他一生中学术成就最多的时期。

从1610后的32年里，伽利略主要在佛罗伦萨，直到去世。

伽利略的重要发明

伽利略一生的发明很多，挑几件主要的说说吧。

⊙ 伽利略的这座雕像收藏在佛罗伦萨的乌菲齐美术馆

发明望远镜延伸了人类的目光

伽利略发明了望远镜和显微镜等，是最早用望远镜观察天体的天文学家。有人评价说："这是天文学上一件有永久意义的贡献。"

关于望远镜的发明有一个有趣的故事。1597年，荷兰有一位名叫汉斯·利伯希眼镜制作商的作坊里，有两个小孩玩耍时把两个镜片叠在一起，透过镜片看远处镇上教堂屋顶的风向标时，发现风向标被放大了。伽利略听说这件事后，在未见到实物的情况下，于1609年发明出了放大效果9倍的仪器。他将其作为礼物送给了惊奇不已的威尼斯元老，换取了他大学终生执教的资格，薪水也翻了一倍。后来经过改进，他将望远镜的放大效果提高到了30倍。

他利用自制的望远镜观察天体，宣布了一系列发现：月球表面有"凹凸不平、坑坑洼洼"的不规则起伏；木星有4颗卫星，围绕着木星旋转；银河由大量恒星集合组成；太阳有黑子等。

这些事实颠覆了亚里士多德以来流传了2000年的理论。亚里士多德声称天空形成了一个独立的王国，所有天体都围绕着地球做圆周运动。伽利略根据自己的发现，于1610年发表了《星空信使》，虽然这只是60页的小册子，却震动了欧洲学术界。

伽利略还研制了一台"可将苍蝇放大成母鸡一般"的显微镜。

将日心说理论传遍世界

伽利略一系列的发现使他坚信，过去那种认为一切天体围绕地球公转的"托勒密体系"是错误的，而一个世纪前由尼古拉斯·哥白尼提出的日心说才是正确的理论。但是这个新观点颠覆了罗马教会的官方理论，伽利略为此受到罗马教会的迫害。

为信仰不同而受到罗马教会迫害是有前车之鉴的。哥白尼为新想法而担惊受怕，布鲁诺甚至为宣传新学说丢了性命。"日心说"新理论主要是由伽利略写书而传遍全世界的，伽利略也为此受到了教会监禁流放的惩罚。其实，他既是勤奋的科学家，也是虔诚的天主教徒。以他的观点，科学家与教会的任务是不同的，各有各自管辖的范围。科学家的任务是探索自然规律，教会的职能是管理人们的灵魂。这两者属于不同的领域，不相矛盾也不应互相侵犯。这就是他受审前不想逃走、受审时不公开反抗、判决后服从教廷处置的原因。

伽利略说过这样一句话："没有理由相信上帝赋予我们感官、理智和智慧却弃之不用，转而从其他渠道获取我们本可以通过此三者获得的知识。"（伽利略《致大公夫人克里斯蒂娜的信》）这句话说的道理从逻辑上无可辩驳。上帝赋予了人感官（自然包括眼睛和望远镜）、理智和智慧（根据事实判断和推理），伽利略就是靠着这几样，得出了"日心说"的结论。教会却阻挠人们这样做，而让人们相信教会宣传的陈腐说教（这是不可信的"其他渠道"）。其实，按照《圣经》上说的"上帝的归上帝，恺撒的归恺撒"的说法，伽利略将神学领域与世俗生活分开的主张才是对的。历史证明伽利略是正确的，教会是错误的，所以就算过了300多年，教会还是不得不给被他们冤枉的人平反。

奠定了近代力学的基石

游客在比萨参观比萨斜塔时，多数的导游都会绘声绘色地讲述伽利略在斜塔上做重物自由落体实验的故事。实际上这件事是有争议的，因为伽利略本人并没有做这一实验的记录。在比萨斜塔上做这项实验的另有他人。据《自然科学史》记载，第一个完成这类试验的是荷兰人斯台文，他于1586年使用两个质量不同的铅球完成了这个试验。几个世纪后，阿波罗15号的宇航员大卫·斯科特于1971年8月2日在无空气月球表面上使用一把锤子和一根羽毛重复了这个试验，地球上的观众们通过电视画面看到了两个物体同时掉落在月球表面上的情景。

但是伽利略确实做了自由落体的实验。他设计了一个设备：用一个可以调整不同斜度的长长的小槽，把高度抛光的铜质小球沿小槽的光滑平面滚下来，测量小球从高处滚滑到底部的时间，并不断调整小槽的斜度，多次实验以取得不同数据。通过实验，伽利略用自己的定律取代了亚里士多德的自由落体定律。亚里士多德曾经说过，物体降落的速度和它们的质量成正比。伽利略的结论是，在没有媒介——例如空气——提供阻力的情况下，所有物体以相同的恒定加速度降落。

力是物理学中使用最广泛的基本概念之一，说的是物体之间使物体加速或变形的相互作用。人类对力的研究开始得很早。古希腊时，物理学分成两大学派，一派亚里士多德领军，另一派阿基米德为代表。亚里士多德学派凭主观臆断的推理方法得出结论，阿基米德学派依靠科学实践方法得出结论。中世纪时在教会的主导下，经院哲学家将亚里士多德学派奉为经典，不符合主流的学派被视为"异端邪说"，许多谬误长期流传难以纠正，直到伽利略用自己的实验推翻了亚里士多德的学说。

我们可以再把两人之间的差别做一个仔细对照，看看伽利略有些什么颠覆性的新发展。亚里士多德认为，科学是由观察和推理构成的；而在伽利略看来，亚里士多德遗漏了关键的一步：实验的作用。在伽利略之前的科学家其实也是要做实验的，但他们做实验的目的是为了证明自己的推理是正确的。而伽利略不同，他如果在实验中得出意想不到的结果时，他不会认为实验错了（只要这些操作符合严格的操作规程），他会质疑自己的思路是不是错了。更重要的是他的实验是量化的，这在当时是一个革命性的观念。（伦纳德·蒙洛迪诺，《思维简史》，第124页）

伽利略的思想是是革命性、创新性的思想，他倡导数学—实验这一新方法，他认为实验是知识的唯一源泉，深信自然之书是用数学语言写的。在力学发展史上，伽利略第一次做铜球滑落实验总结出自由落体定律，第一次提出了惯性和加速度定律，第一次提出运动相对性（也称为伽利略相对性）原理，第一次揭示了重力和重心的实质并给出准确的数学表达式，第一次提出了摆动原理、合力定律，抛射体运动规律等，为后来牛顿创建经典力学理论体系奠定了基础。伽利略以系统的实验和观察推翻了纯属思辨的传统自然观，开创了以实验事实为根据并具有严密逻辑体系的近代科学。因此被誉为"经典力学的鼻祖""实验物理的创始人""近代力学之父"。爱因斯坦曾这样评价："伽利略的发现，以及他所用的科学推理方法，是人类思想史上最伟大的成就之一，而且标志着物理学的真正的开端！"

之所以对伽利略的情况介绍如此详细，是因为这个人太重要了。人类近代科学就是从伽利略时代开始的，他是一位旗手、标志性的人物，是文艺复兴时期的科学巨匠。在他以前当然也有科学，但那是原始的、经验的、朴素的，而从他开始，科学发生了质的变化，可称之为"近代科学"，从此人类科学技术走上了一条惊人发展的快车道。

梵蒂冈教会因迫害科学家而蒙羞

文艺复兴之所以发生，是因为人们开始有了新想法。新想法主要表现在艺术和科学两个领域里。罗马教廷对这两者的态度是不同的：对艺术是欣赏支持，委托艺术家绘画雕刻，留下了许多艺术珍品；但对科学思想则截然相反，对科学家也十分警惕，坚决反对，甚至迫害。

教廷用两种面孔对待两种人，原因也简单。因为这两种人对维护教廷权威所起的作用不一样。艺术家的创作，虽然有一些画面或者形体与教皇的要求格格不入（例如裸体），但对基督教教义并没有大的影响；反而艺术家的作品内容多数是宣传基督教的，因此教皇是支持的。但科学家不同。对他们一般的科学技术研究成果，教会也并不排斥。但是议论地球是否是宇宙的中心，这个问题就严重了。

科学家们主张的"日心说"与教会宣扬的"地心说"发生了严重的冲突。按照基督教官宣的说法：上帝创造了宇宙，地球是宇宙的中心。如果这个最基本的理论被否定了，那基督教的创世故事还能讲得下去吗？这动摇了基督教教义的基石！基础不稳，山摇地动。因此，对敢"胡说八道"的科学家绝不宽容，要严厉打击。

这个敏感的问题给好几位科学家带来了厄运。首先是哥白尼。

尼古拉·哥白尼（1473—1543）是文艺复兴时期的波兰天文学家、神父。他40岁时提出了日心说，当时就受到了罗马教廷的警告。哥白尼聪明，嘴上不强辩，但心里不认错。经过长期思索，他写出了《天体运行论》一书。60岁时他虽然能够在罗马做系列讲演宣传自己的观点，但由于他没有出书，教会也没有对他痛下杀手。后来哥白尼感觉自己来日无多，决定将书出版。在他70高龄去世的前一天收到了出版商寄来的样书，他摸了摸书的封面便与世长辞了。时间拿捏得太准确了，教会再愤怒也来不及对他发脾气。

布鲁诺就没有那么幸运了，他是被教廷祭刀的第一人。乔尔丹诺·布鲁诺（1548—1600）是一名神父，也是教会的"自己人"。他的罪名很简单，他读了哥白尼所著的《天体运行论》后，认为说得很有道理，他大胆宣传新观点，让日心说的理论传遍了欧洲。结果闯了祸，给自己带来了灾难。44岁那年他被捕入狱，宗教裁判所奉教皇克莱门特八世的命令判他为"异端邪说"。1600年2月17日，布鲁诺被烧死在罗马鲜花广场上。

接着就轮到伽利略了。其实伽利略与哥白尼年龄相差近一个世纪。他因为赞成哥白尼的日心说冒犯了罗马教廷，也被宗教裁判所盯上了。伽利略49岁时专程到罗马解释自己的观点，却被勒令不许说话，保持沉默。他将话藏在心里，一直憋到68岁时实在忍不住了，就发表了《关于托勒密和哥白尼两大世界体系的对话》。该书汇总了所有主要思想派别关于宇宙本质的观点，并借几个虚构人物之口进行讨论。此书名为保持中立，实为哥白尼辩护，并在文字里多处嘲讽教皇。该书文字优美，笔调诙谐，成为意大利的文学名著，显露出伽利略高妙的文字功夫。第二年，年近70岁的伽利略被强行带到罗马接受宗教裁判所的审问，判处他终身监禁，好歹留了一命。幸运的是，伽利略被监禁在托斯卡纳周边的山上，拥有一定的自由，能够继续他的研究。他74岁时双目逐渐失明，晚景凄凉，1642年1月8日77岁时去世。

　　从这几位科学家的遭遇，人们看到了罗马教廷的荒谬和愚蠢。几位科学家通过观察和思索，研究出了一种新理论。他们只是实话实说，并没有拿这种理论去煽动组织民众去反对谁。罗马教廷却要以思想论罪，以言论判刑，将科学家置于死地。这种顽固的思想和残忍的心理，真的让人无法忍受。最后的事实证明科学家是正确的，教皇是错误的。不管罗马教廷严重迫害也好，杀人灭口也好，地球还是待在它应该待的位置上。这件事可能要算自罗马教廷成立以来做过的最愚蠢的事情了。时间最公正，实在没有办法把荒谬的谎言维持下去的罗马教廷，终于出来给科学家们平了反，虽然300多年的时间太久了。

　　1979年11月10日，罗马教皇公开宣布：1633年对伽利略的宣判是不公正的。

　　1992年，罗马教皇又宣布为布鲁诺平反。

　　2009年，为了纪念伽利略发明折射式望远镜400周年，联合国将该年定为国际天文年。

　　威廉·麦克尼尔认为，"真正的自然科学正是此时（15世纪的意大利）产生的。后世再没有出现过比它更具有大革命态势的时代，欧洲文化也从未再取得过如此显著的提高……他（伽利略）比任何人都更值得被称为欧洲现代科学之父"。（《西方的兴起》，第620—623页）

第六章

米 兰

五彩斑斓的城市

米兰印象

米兰简史

虽然以前听说过米兰是意大利的重要城市，但是只有来到这里，才能感受到它那种在意大利各城市中鹤立鸡群、与众不同的地位。

米兰地处意大利北部，位于波河谷地中央的伦巴第平原上。米兰的特点是历史久、发展快、有文化、讲时尚，算得上历史上的长寿者、经济上的大块头、文化上的风向标。

米兰悠久的历史最早可以追溯到公元前600年前后由高卢人建立的村落，后来作为凯尔特人部落首府的时间长达几百年。公元前222年此地归罗马统治，称之为梅迪奥拉农，算这一地区最繁荣的城市之一。公元前最末的20多年里（罗马皇帝奥古斯都在位期间），米兰被设为意大利第十一区，后成为西罗马帝国的第二大城市（仅次于罗马）。公元5世纪米兰先是被匈奴劫掠、后来被哥特人摧毁。10世纪下半叶米兰开始复兴。

文艺复兴前的1396年，米兰成为公国，与意大利其它城邦国家一起发展，城市中产生了富裕的市民阶层，经济繁荣，学术和艺术活动丰富多彩，为文艺复兴的到来铺平了道路。从16世纪起米兰被

◉　米兰街景　摄影/段亚兵

西班牙统治了200年，18世纪初归奥地利人统治。几十年后拿破仑率
领军队侵入，1805年，米兰成为拿破仑统治下意大利王国的首都。
拿破仑倒台后，米兰重归奥地利人统治，1859年归属意大利。1919
年法西斯主义横扫意大利，米兰也不例外。二战中米兰遭同盟国军
队轰炸，城市破坏严重，战后进行大力重建。在米兰的日子里，我
们参观了许多景点，阅读了关于米兰的一些资料，米兰各个时期的
画面印在了我的头脑里，各种各样的照片像影集一样叠加在一起，
飞回过去的时空里，慢慢模糊变成了一条朦胧的历史长河。

　　米兰自然条件优越，所处的波河河谷平原算得上是世界上最富
有的地区之一。米兰拥有4个机场，其中3个为大型国际机场，最大
的马尔奔萨机场是欧洲最主要的大机场之一。米兰公路、铁路交通
十分发达，拥有连接26个国家的铁路线，是欧洲最大的铁路枢纽之
一。米兰与西面的都灵、南面的热那亚形成了一个三角区，虽不靠

⊙ 米兰的城市雕塑　摄影/段亚兵

海，但可以通过热那亚的港口进入地中海，海上交通也算方便。米兰市区交通服务量之大居欧洲前列。拥有如此好的自然地理条件，米兰经济发展迅速没有悬念。

米兰是欧洲人口最密集与工业最发达的地区。米兰面积1.6万平方公里，人口755万人（其中中心区面积200平方公里、人口180万）。2010年，米兰市区GDP占意大利全国的1/4，位居欧洲第七，世界第25位（与奥地利一国的GDP相当）。2010年，米兰市区人均收入过4万欧元，相当于欧洲人均收入的1.6倍。米兰与法国巴黎、英国伦敦、德国柏林并列为欧洲四大经济中心城市。米兰的支柱制造业有汽车工业（阿尔法·罗密欧汽车品牌）、丝绸工业等。米兰国际博览会是世界第四大博览会。

奢侈品之都

经济实力一般是隐藏在后面，而品牌广告却能出现在城市每个角落，因此米兰的文化给人的印象更加深刻。米兰是全球时尚与设计之都，是历史文化名城，是歌剧艺术圣地，是AC米兰、国际米兰等欧洲最著名足球队的主场。

关于历史文化名城与歌剧艺术圣地的事专题另说，这里先大概说说品牌方面。在米兰市中心广场附近有一条蒙提拿破仑大街（Via Monte Napoleone）是世界最著名的奢侈品大道，名牌商店一间接着一

◉ 米兰购物中心高大
的拱廊
摄影/段亚兵

间鳞次栉比，橱窗里摆设花哨吸引眼球，门店里装饰得富丽堂皇，高档商品琳琅满目。10多年前我去意大利时，头脑中还没有多少关于奢侈名牌的知识，感觉就是价格贵。导游介绍说："这里的名店集中了世界上几乎所有的名牌，都是意大利品牌，总部都在米兰。如阿玛尼（Armani）、范思哲（Versace）、普拉达（Prada）、华伦天奴（Valentino）、古奇（Gucci）、芬迪（Fendi）、埃特罗（Etro）、莫斯奇诺（Moschino）、麦丝玛拉（MaxMara）等。"讲得眉飞色舞。

当时，我虽然对高价格的奢侈品没有购买的欲望，但还是想到了一个问题：意大利为什么会拥有众多的奢侈品品牌？或者说，意大利的品牌为什么会产生如此大的全球影响力？

米兰品牌众多的一个原因是设计力量强。例如米兰的服装设计全球领先，拥有世界半数以上的时装著名品牌。世界所有的著名时装公司均在此地设立机构，半数以上时装大牌巨鳄在此地设总部，这里是全球设计师向往的地方。米兰时装周是国际四大著名时装周之一，一直被认为是世界时装设计和消费的"晴雨表"。米兰的家具设计也很有名。米兰国际家具展被誉为世界家居设计及展示的"奥斯卡""奥林匹克"盛会。

米兰与基督教

米兰大教堂

这一天我们来到米兰大教堂（Duomo di Milano）参观。

导游带领我们来到广场，建议我们以主教堂为背景合影留念。我早早就注意到了这座建筑，因为它太出众了。教堂正面望去雄伟壮观，极有气势，与许多天主教堂一样，宽大的门面给人以威严的感觉。教堂上半部是三角形的，与众不同的是三角形屋面上又有十多个细长的尖塔，显得十分特别，给人留下深刻的印象。

我们走进教堂里，一边参观一边听着导游给我们讲解。他说："米兰大教堂是意大利最著名的天主教堂，可容纳3.5万人，被称为米兰的象征。世界上的五大教堂，米兰大教堂排名第二，仅次于梵蒂冈的圣彼得教堂。大教堂于1386年动工，直到1965年才竣工，历时579年。这可是一项少见的浩大工程……"

随着仔细参观，我对教堂有了一个大致的印象。归纳一下有以下几个特点：一是教堂的设计建筑风格多样。该教堂的建造期长达近600多年。从中世纪动工，经历了文艺复兴，建筑的样式打上了时代变迁的烙印。先后参加过该教堂建筑施工装饰的设计师、建筑

◎ 米兰大教堂建筑上的一个特点是屋顶上有许多
细长的尖塔　摄影/段亚兵

师、雕塑家、艺术家不计其数。建筑的总体风格是哥特式的，无数
尖塔直冲云霄；中间增添了棱角分明的文艺复兴式风格，后来又变
成了浮华夸张的巴洛克风格。总之，这是一座集各种风格大成于一
体的建筑，是学习研究各种建筑流派的样板。

　　二是用精美无比的大理石建成。主教堂用白色大理石砌成，是
欧洲最大的大理石建筑。许多人赞誉它是"大理石山"。美国作家
马克·吐温称它是"一首用大理石写成的诗歌"。教堂外貌洁白无
瑕，宁静圣洁，令人感觉神圣的地方就应该是这个样子。

　　三是教堂的尖塔特别多。山墙上，屋顶上，转角处，立柱顶，
处处都有笔直纤细的尖塔，据说教堂共有135个尖塔，每个塔尖上
都有神或圣徒的雕像。如果在高处俯瞰大教堂，更能看清楚尖塔密
布，刺向天空的奇观。英国小说家劳伦斯形容大教堂"活像一只刺

◉ 意大利教堂里的彩绘玻璃

猾"。入夜时分，尖塔被灯光照亮，又像是点燃了一大堆蜡烛。此时的教堂变成了一个巨大的蛋糕，蛋糕上插满了无数的明亮蜡烛。这大概就是献给上帝的生日蛋糕吧。

四是教堂里采用了大量的彩色玻璃。意大利是玻璃的故乡，哥特式建筑由于墙面不承重，能够利用最大的空间安装玻璃。米兰大教堂的玻璃窗可能是全世界最大的，24扇细长的玻璃窗户，高约20米。据说窗户上的彩绘玻璃造于500多年前，至今仍光彩夺目。玻璃色彩鲜艳，图案优美，绘有《圣经》中的各种故事，对识字不多的人来说，是通俗好看的连环画，能够通过连环画认识耶稣、领会基督教义。

如果说彩绘玻璃是平面的图画，雕塑就是立体的形象。据说教堂内外共有6000多个雕像，算得上是世界上雕像最多的教堂。雕像不仅有助于让游客了解《圣经》里的故事，而且增添了艺术气氛，增加了教堂里的"人"气——行走在教堂里，好像身边总有圣徒相伴在旁，不会感到寂寞。

像许多教堂都有自己的宝贝一样，米兰大教堂的镇馆之宝是一枚铁钉。据说这是当年将耶稣钉在十字架上的数枚铁钉之一。圣物铁钉平时藏在屋顶一间房间里秘不示人，每年只有在特定的日子里才会取下来、摆在大厅里，供教徒们朝拜3天。铁钉很大很重，上下取放不方便。为解决此问题，当年参与该教堂设计建筑工作的达·芬奇，专门设计了一个升降梯运送钉子。这可能是世界上第一部机械升降梯。

米兰敕令

米兰为什么会修建如此规模巨大的教堂？这可能与历史上的《米兰敕令》有关。事情发生于公元4世纪的罗马帝国。由于前朝的皇帝戴克里先实行"四帝共治制"，那个时期的罗马帝国出现了两正两副4个皇帝。戴克里先多设几个皇帝的本意，是想要更好地管理这个庞大的帝国，但却种下了内战和分裂的种子。

◎　大教堂高大的穹顶　摄影/段亚兵

311年，罗马的4位皇帝是：西方的正帝君士坦丁、东方的正帝李锡尼，西方的副帝马克森提乌斯，东方的副帝马克西米努斯·代亚。一山难养两虎，皇帝多了，肯定会争权夺利。先是君士坦丁联合李锡尼，在台伯河边上击败了马克森提乌斯。接着，李锡尼在小亚细亚战胜了马克西米努斯·代亚。李锡尼与君士坦丁瓜分了帝国。但是，两人之间的和平仅仅维持了一年，就又投入了新的争霸战。君士坦丁始终占有优势，于324年大败李锡尼，成为罗马帝国唯一君主。330年，君士坦丁将罗马帝国的首都从罗马迁到拜占庭，并将该城市改名为君士坦丁堡。

《米兰敕令》就是在313年、两位正帝还没有翻脸，会见于米

兰的时候签发颁布的。该敕令宣布："从今日起，无论是基督教还
是其他教徒，都可以自由无条件地保留其虔诚的信仰，以及举行
相关的宗教仪式，不受任何干扰和干预"（盐野七生《罗马人的故
事·最后一搏》，第186页）

如果有人对《米兰敕令》有兴趣，可以到米兰大教堂来看，该
文本就刻写在教堂大门左边的铜门上。

敕令的颁布，在欧洲历史上是一个非常重大的事件，是罗马
帝国宗教信仰政策的转折点。以前我对这一件事情的突然发生不甚
理解，不知道君士坦丁为什么要这样做。罗马帝国是多神教国家，
罗马的诸神在罗马帝国的大地上无处不有，无事不管。例如我在罗
马广场上见到过一座亚努斯神庙。亚努斯是罗马最古老的神之一，
掌管天门的启闭。战时庙门大开，亚努斯神庇护战士出征；战争结
束，庙门关闭，以示和平。在罗马诸神的保佑下，罗马帝国也确实
实现了数百年的"罗马治下的和平"，拉丁文称作Pax Romana。而
基督教并不是罗马本土产生的，它是巴勒斯坦地区产生的犹太教中
派生出来的一个教派，后来传到了欧洲。很长时间里，基督教在罗
马都是非法的，被罗马皇帝打压，只能活动于地下。罗马的教皇怎
么就突然改变主意了呢？根据史书资料看，原因可能有两条。

一条是君士坦丁大帝的母亲海伦娜信奉基督教。我去以色列考
察时，参观过伯利恒的圣诞教堂和耶路撒冷的圣墓大教堂，这两个
教堂最初的修建都与海伦娜有关。公元326年海伦娜来到伯利恒，
决定在耶稣出生的原址上修建教堂，以表示自己的敬意。她又来到
了耶路撒冷，在耶稣被钉在十字架上的各各他组织人挖掘进行考古
活动，据说在这里找到了耶稣背负过的十字架，从而确定此地就是
耶稣受难地，于是又建造一座圣母大教堂（段亚兵《以色列文明密
码》，第79页）

另一条是君士坦丁大帝发现帝国军队中相当多的军人已经成为
基督徒。作为帝国军队的最高统帅，他不能不考虑这个实际情况，

于是就决定颁布《米兰敕令》，承认基督教合法。这样做完全为了收买军心，稳住自己的统治地位。

可以具体分析一下这两种说法。一是如果从孝顺母亲的角度看，母亲的信仰会对儿子产生影响，或者说孝子尊重母亲的意愿也信奉基督教的可能性完全存在。二是考虑到君士坦丁大帝是一位政治大人物，恐怕他首先关心的是如何维护自己的君权，维持帝国的秩序，不一定太考虑对母亲的孝心，也就是说更注重国事而不是家事。因此第二种说法可能更符合实际情况。当然，两种说法并不矛盾，可能两种情况同时存在，这样就把国事和家事结合了起来。

盐野七生很关注《米兰敕令》，她写道："很多历史学家在叙述罗马史的时候，到君士坦丁时代就戛然而止，其理由是，此时的罗马帝国已名存实亡。"（盐野七生《罗马人的故事·最后一博》，第200页）这个说法是对的。在《米兰敕令》公布前，基督教在罗马境内是非法存在的，而此后信仰基督教成为合法的权利，再后来基督教成为国教，唯我独尊，欧洲由此进入了中世纪。

基督教是在米兰拿到合法证书的，所以米兰在基督教世界里具有特殊的意义。米兰基督教信徒人多势众，影响举足轻重，不但是天主教最大的一个教区，而且建起了世界第二的大教堂。

米兰艺术之旅

瞻仰《最后的晚餐》

文艺复兴时期米兰也是艺术重镇。米兰保留着众多古迹，也拥有大量的博物馆、艺术馆、剧院、大学等，馆藏中不乏米开朗琪罗的雕塑作品，拉斐尔、提香等人的画作。参观的景点中给我印象最深的是感恩教堂和斯卡拉歌剧院。

圣玛利亚感恩教堂之所以出名是因为这里收藏着达·芬奇的代表作之一《最后的晚餐》。在接待主人的特别安排下，这一天我们来到了感恩教堂。感恩教堂是一座极普通的教堂，一头主要部分是平房，另一头是个圆柱形的5层楼房。

达·芬奇的这幅画就在这间教堂餐厅的墙壁上。我们仔细地观赏这幅画，议论着画中的耶稣和他的弟子，出卖耶稣的犹大坐在右边，手里捏着一个小布袋，里面装的就是出卖耶稣而收到的黑钱。这幅画大家其实很熟悉，对画面的特点了然于胸：吃饭的人都挤在餐桌的一侧，虽然说这并不合理，但确实方便大家观赏。我看这幅画更有一种特殊的感觉，因为几年前我去过耶路撒冷，曾经看到过耶稣"最后晚餐"的那个餐厅。具体的感受写在《以色列文明密

⊙　圣玛利亚感恩教堂所以出名，是因为里面有
　　达·芬奇的代表画作《最后的晚餐》

码》一书里。这次在米兰计划行程时，对安排参观这个景点我最积
极，这次可算是满足了我多年的心愿。

　　团队中有人发问："达·芬奇的这幅画这么有名，为什么放
在这里？应该放进一个著名的大博物馆里珍藏吧？"导游解释说：
"这种画名叫湿壁画，画在墙壁上是没办法移动的，只好委屈在这
座小教堂里……"

　　湿壁画是文艺复兴时期发明出来的一种新画法。这一时期正
是欧洲壁画艺术的鼎盛时期，许多著名画家都探索着使用各种新材
料，尝试新的作画方法，壁画的艺术性得到空前提高，产生了许多传
世艺术珍品。达·芬奇的《最后的晚餐》就是其中的作品之一。

　　导游接着给我们讲了达·芬奇来这座教堂作画的缘由。这幅画
创作的时间是15世纪90年代，那时的米兰是大公国，大公名叫斯福

◉　达·芬奇的湿壁画《最后的晚餐》

尔扎，他十分欣赏达·芬奇的才能，委托他作此画。达·芬奇创作这幅画时极其认真。有一位名叫马泰奥·班代洛的小说家，当他还是个孩子的时候亲眼见到过达·芬奇作画，描述说："达·芬奇一大早就爬上脚手架马不停蹄地开始工作。有时他会在那里从早干到晚，手里一直都拿着画笔。他画个不停，常会忘记吃饭和喝水。有时候，他会连续几天不碰画笔，一天中有好几个小时伫立在他的作品面前，双臂交叉放在胸前，独自一人用挑剔的眼光审视着画中的人物……"

好作品一定是作者呕心沥血的产物，更何况达·芬奇是位惜墨如金的画家，一辈子只画了17幅画，件件都是传世之宝，其中最有名的就是这幅《最后的晚餐》和珍藏在巴黎卢浮宫中的《蒙娜丽莎》。专家们评价说："《最后的晚餐》不仅标志着达·芬奇艺术成就的最高峰，也标志着文艺复兴艺术创造的成熟与伟大。"

欣赏《仲夏夜之梦》

当天晚上我们去米兰斯卡拉歌剧院看节目。虽然以前也知道斯卡拉歌剧院名气很大，真正进到里面，我才知道这是一个多么宽敞、奢华的歌剧院。导游介绍说："斯卡拉歌剧院无论场地还是演出的剧目都代表着世界歌剧艺术的最高峰，有人称它是'歌剧的麦加'……"

我观察一下，观众席的大堂场地与一般的剧院差不多，有千把个座位吧。相比之下包房太多了，除了正面是舞台，其余三面都是包房，有七八层高。我们的票在侧面一个包房里，包房挺宽敞，我们七八个人都能坐得下。包房里的椅子位置不固定，前面两三个位置最好，后面的就要错开坐，最后两个人想要视线不受影响最好站着看。一会儿场铃响过，剧场安静下来，节目开始了。

我们看的这场戏是音乐剧《仲夏夜之梦》。舞台上的灯光布景非常漂亮，有飘荡着白云的蓝天、点缀着鲜花的绿荫、梦幻般的美妙仙境，几位妙龄青年男女在鲜花草丛中无拘无束地玩耍。他们穿着肉色的紧身衣，身材苗条，曲线凸凹，将年轻人的健康美丽表现得淋漓尽致。估计导演的意图就是要营造出一种充满诗意的田园风光。

《仲夏夜之梦》，是英国剧作家威廉·莎士比亚创作于16世纪90年代的一部喜剧，讲述的是一个有情人终成眷属的爱情故事。英国文艺复兴运动在莎士比亚时代进入繁荣昌盛阶段，人们产生了强烈的欲望，要冲破中世纪精神枷锁，让人性的花朵怒放。《仲夏夜之梦》就是一部集中体现文艺复兴精神和人文主义思想的喜剧。故事的外壳借助于古希腊神话，但人物的思想感情表现的是英国资产阶级新男女青年争取自由恋爱和婚姻自主的权利。音乐剧表现的是典型的人文思想，人性开始复苏，反抗教会的禁锢。

剧中演员说唱的语言是意大利语，我们听不懂。但是那种高亢的音调、流水般的唱腔，还是让我们感觉非常地享受。两个小时的

节目很快结束了，令人意犹未尽。在文艺复兴的故乡，观看人文主义的剧作，感觉真的不一样。

意大利是歌剧的故乡。这种独特的音乐艺术形式，产生于意大利文艺复兴时期是有原因的。中世纪基督教教堂合唱的充分发展奠定了歌剧艺术的坚实基础，16世纪在新的美学理论指导下产生了歌剧的新形式。教堂唱诗班的合唱是献给上帝的，而歌剧是演唱给市民的。比起神比较单纯一致的喜好方式，百姓的欣赏口味要丰富得多。于是，简单的合唱形式逐渐发展成歌剧这样一门集戏剧、诗歌、音乐、舞蹈等于一身的综合艺术，受到了市民群众的热烈欢迎。

这种新型的大众艺术被热情奔放、多才多艺的意大利人发明出来，经过法国奢华宫廷文化的熏陶，加上德国音乐人缜密思考创作的丰富，一时风靡欧洲，甚至产生了世界影响。

第七章

文艺复兴

转折与起点

文艺复兴是什么

文艺复兴是什么？这是个值得深入研究的问题。

文艺复兴的原词Renaissance是法语，意思是"再生"。文艺复兴指的是发生于14—16世纪的一场反映新兴资产阶级要求的欧洲思想文化运动，是一轮艺术和知识的创新。

"文艺复兴"并不是后人概括出的一个概念，意大利的人文主义作家和学者早在14—16世纪时就开始使用这一概念。当时的人们认为，文艺在古希腊古罗马时代曾高度繁荣，但在中世纪的"黑暗时代"衰败湮没，直到14世纪后才获得"再生"与"复兴"。因此称这一运动为"文艺复兴"。

文艺复兴是欧洲历史上发生的一次重大事件，对欧洲后来的历史发展方向产生了重要影响。可以说，文艺复兴是欧洲近代发展的转折，是西方走上现代化道路的起点。

文艺复兴运动为什么首先出现在意大利

在人类文明发展中出现文艺复兴运动，应该说是一个异数。因为它只发生在欧洲，世界各地都没有出现类似的运动。欧洲是比较喜欢标新立异的，公元前就曾经有过一次，就是希腊出现的城邦民主制，而当时世界各地基本上都是王权制度。

欧洲之所以发生文艺复兴运动是因为欧洲独特的条件，其中意大利具备的条件最好最全面。因此，文艺复兴运动在意大利发端、逐渐扩散到欧洲各地。

首先，意大利地理环境条件相对好。

观看一下地球仪我们可以看到，"欧亚大陆构成了世界历史的'中心地带'。它占有世界陆地的五分之二，囊括世界人口的十分之九，是人类最早、最先进的文明发源地。"（斯塔夫里阿诺斯《全球通史》，第4页）在欧亚大陆中，西亚地区占据中心位置，人类最早的文明就是在这里出现的。欧洲地处欧亚大陆西端，位置比较偏，但地势较为平坦，没有高大山脉的阻隔，与中心地带来往相对方便。罗马帝国时代大修道路桥梁，条条道路通罗马，一片兴旺景象。自西罗马帝国崩溃后，社会管理陷入混乱，经济遭到严重破坏，欧洲经济发展缓慢，在全球经济发展中属于后进地区。

意大利地理环境优越，海路交通条件方便。意大利临地中海，航运条件便利，适合发展经济。经过长期积累，意大利沿海的几个城市都开始发展起来，其中佛罗伦萨—比萨、威尼斯、米兰—热那亚、罗马等几个城邦国家尤其突出。

其次，出现了市民阶层。

佛罗伦萨、威尼斯等城邦国家中，商业、手工业发展迅速，市民开始致富，出现了中产阶层。佛罗伦萨等地出现了一些强大的金融家族。例如，佛罗伦萨佩鲁齐家族1300年时家族财富为160万美金；140年后的美第奇家族财富达到了1500万美金；再过106年后的奥格斯堡的富格尔家族资产达到了8000万元美金，（斯塔夫里阿诺斯《全球通史·下》，第26页）。资产阶级登上了政治舞台。富裕起来的资产阶级必然要提出自己的政治要求，开始向贵族争夺权力。文艺复兴运动本质上就是资产阶级表达自己政治愿望的一种思想运动，是争夺权力的革命呐喊、表达政治主张的政治宣言。

再次，东西方文化融会区。

15世纪，意大利成为东西方文化的接触地带、融会区域。当时发生的两件事情具有代表性：一是奥斯曼帝国于1453年5月29日攻占了君士坦丁堡；另一件事是《马可·波罗游记》出版。

西罗马崩溃后，东罗马（拜占庭帝国）仍然存在了近千年。7世纪阿拉伯文明兴起。1453年东罗马被奥斯曼帝国所灭。为避劫难，君士坦丁堡（奥斯曼帝国占领后改名为伊斯坦布尔）的知识分子躲到了意大利各个城市，他们带来了大量的书籍（包括阿拉伯文化的书籍）。这为新观念、新思想的产生提供了有利条件。

威尼斯人马可·波罗讲述的中国故事风靡一时，标志着中国文化的影响抵达欧洲，是中西方文化交流史上的一个大事件。欧洲人面前突然出现了一个先进繁荣的中国文明形象，引起了欧洲学者的兴趣，从此开始了对中国文化的探究。

这两件事情说明，此时的意大利成为东西方文化接触的桥头堡、融会区。两种完全不同的思想文化开始互动，造成了东西方文化大挑战、大融合、大杂烩的局面，从而为产生新观念、新思想、新文化提供了条件。这种情况符合英国历史学者汤因比所说的由于应对挑战而产生一种新文明体的"挑战应战说"理论。

最后，合理地继承中世纪遗产。

虽然一般认为中世纪的神权统治对欧洲的发展起到的是一种阻碍、抑制的作用，但实际上中世纪的欧洲也还是在慢慢地发展。房龙描述说："（中世纪的）13世纪是否仅仅就是一个充斥着黑暗与停滞的时代呢？显然不是！人民活跃异常，大的国家在建立，大的商业中心在蓬勃发展。"（亨德里克·房龙《人类的故事》，第226页）以科学技术的发展为例，中世纪在科技方面有很多研究成果。中世纪发明了水车和风车，从而把碾谷、伐木、排干沼泽和矿井等活计的效率提高了数倍。这种"非人力"动力的使用，让中世纪的欧洲人从奴隶或农奴经济开始转入由机器力量推动的经济。（斯塔夫里阿诺斯《全球通史·下》，第22页）但总的来说，中世纪无处不在的神权控制无疑禁锢了人们思想，将人们的思想引入对"彼岸世界"的期盼而对现实的世界不感兴趣，造成的一个结果是经济发展缓慢。而15世纪的意大利则由于市民阶层的出现，资本主义开始萌芽，因此文艺复兴最先在意大利发展起来。

文艺复兴到底是革命，还是传承

接着上一个问题再深入讨论一下，欧洲文艺复兴运动的出现，究竟算是历史的正常发展进程，还是一个特殊事件？学术界对此类问题有不同看法：一种意见认为，文艺复兴是一场革命，是对中世纪神学社会的一次造反，从社会进化角度说是一种突变；而另外一种观点认为，文艺复兴是社会的一种正常发展，与中世纪有千丝万缕的联系，从社会进程说是一种渐变而不是突变。

本人的看法呢？原来本人倾向于前一种看法，觉得文艺复兴是一场革命，是一种狂飙式的社会突变。但经过仔细研究后，我感觉后一种观点更有道理，更稳妥一些。理由如下。

一是文艺复兴与中世纪社会有一种合乎逻辑的继承关系。

有人说，文艺复兴是对以古希腊、古罗马等为代表的古典文明的一种发现和复兴，是对中世纪神权世界彻底否定。这种说法有一定的道理，但不是很准确。以意大利文艺复兴为例，确实借鉴了古希腊和古罗马的内容和形式，但是直接从中世纪接受的东西也很多，特别是基督教在长达一千年里所创造、发展和积累的文化、文明成果。因此很难下结论说文艺复兴是对中世纪的决裂和否定。例如，"在科学和技术方面，中世纪的发展超过了罗马和希腊"。中世纪发明了很多机器，例如水磨；法国加尔都西会的修士炼成了钢铁；13世纪发明了机械钟；火器和活字印刷也是用中世纪的技术进行的发明。中世纪的建筑技术达到了很高的水平。教堂是最早的摩天大楼，它是第一座靠框架而不是堆积来达到高度的建筑。（雅克·巴尔赞《从黎明到衰落·上册》，第248页）

亨德里克·房龙的看法是："文艺复兴并不是一次政治或宗教的运动，归根结底，它是一种心灵的状态。文艺复兴时期的人们依然是教会母亲顺服的儿子。他们仍旧是国王、皇帝、公爵统治下的顺民，并不出言抱怨。不过，他们看待生活的态度彻底转变了。他们开始穿五颜六色的服装，讲丰富多彩的话语，在装饰一新的屋子里过着与过去全然不同的生活。他们不再一心一意地盼望天国，把所有的思想与精力都集中在等待他们的永生之上。他们开始尝试，就在这个世界上建起自己的天堂。"（《人类的故事》，第225页）

二是文艺复兴有多种来源。

一般认为，文艺复兴的思想源头是古希腊和古罗马，所以称作"文艺复兴"；而从实际上继承的渠道看，是通过阿拉伯文明转手继承的。自5世纪西罗马帝国崩溃，欧洲进入中世纪时代。7世纪阿拉伯—伊斯兰文明兴起。从8世纪中叶起，鼎盛的阿拔斯王朝组织开展了历时200多年的百年翻译运动，将古希腊、古罗马、波斯、印度等国的学术典籍译为阿拉伯文。而在欧洲本土许多书籍和资料已经失传，后来欧洲人又从阿拉伯人那里将古希腊古罗马的书籍和文献翻译回来，成为文艺复兴的思想养料。阿拉伯人充当了欧洲古典文明到文艺复兴之间的二传手。

阿拉伯人的二传也只是文艺复兴的来源之一，另一个来源是中世纪本身。应该说古希腊古罗马文化在中世纪并没有完全绝迹。虽然基督教得势后一枝独大，压制了其他思想和文化的发展，让古希腊古罗马的文化无处安身从而失传。但这只是表面现象，古希腊古罗马文明并没有完全断绝，许多内容其实融入了基督教文明，寄生于基督教文明的躯体继续生存。教会里有许多知识分子一直在研究学问，其内容不仅限于神学，也包括语言文学、科学技术的研究等。例如，库萨的尼古拉主教进行的研究广泛多样，包括数学（他提出了无穷小的概念）、天文学和地理学（他制作了第一张中欧和东欧的地图），在开普勒和哥白尼之前就对行星的圆形运转和地心说理论暗示了他的疑问。

这方面还有大学的例子。欧洲大学的起源最早可以追溯到11世纪，最早是教会学校的教师带领学生创建的高等教育机构。欧洲最古老的大学意大利的博洛尼亚大学建立于1088年。还有巴黎的索邦大学、英国的牛津大学和剑桥大学等，它们"与各大教堂一样名垂青史"。（雅克·巴尔赞《从黎明到衰落·上册》，第247页）这是文艺复兴的另一个思想、知识来源。

三是文艺复兴时期的许多大师兼备新旧两种文化视野。

人们论说文艺复兴运动时以许多大师级的人物为典型，而实际上他们中间许多人本身就是虔诚的教徒，对基督教神学理论有很深的研究。以但丁为例，他写的《神曲》虽然批判教会的腐败保守，但书的基本框架脱离不了神学。所以才有"但丁是中世纪的最后一位诗人，同时又是新时代的最初一位诗人"的说法。而米开朗琪罗、拉斐尔等人的绘画中，尽管有许多新内容、新方法，但是宣传宗教的内容更多。这些代表人物本身更清楚地表现出文艺复兴确实是一种渐变的过程。

有学者认为，文艺复兴时代的"人文主义者（humanist）"，与后来人们说的人文主义者并不一样，后者指的是世俗的、反宗教的一些人士，而"文艺复兴时期的人文主义者是深信基督教的"，其中的一些人文主义者以"编撰《圣经新约》和其他重要基督教著作"为终身工作。（杰里·本特利、赫伯特·齐格勒，《新全球史》，第155页）

由此我们是否可以得出这样一个结论：从中世纪到文艺复兴，

人类思想文化循序渐进，是一个渐变的过程。先是量的积累，积累到临界点引起了质的变化。这就是唯物辩证法中"量变质变规律"。如果进一步观察人类思想文化长河总的发展变化，虽然河流中会掀起大大小小的浪花，河道也会弯弯曲曲，但是一条河是分不出阶段的。这也如同光谱的变化，白光经过三棱镜的折射，会显现赤橙黄绿青蓝紫多种颜色，但每种颜色之间的变化有过渡，不会像利刃斩断那么整齐。

尽管如此，我们还是要充分肯定文艺复兴运动的重要意义，从文艺复兴开始人类思想变化进步的速度明显加快。毕竟文艺复兴反映了时代的变化，新兴的资产阶级取代僧侣阶级登上舞台成为时代的新贵，欧洲国家的现代化进程由文艺复兴运动开启。

文艺复兴运动的意义

文艺复兴究竟意味着什么呢？

一是思想的解放。

文艺复兴时代的人，刚从中世纪走出来，他们被黑暗的中世纪压抑得太久，决心从上帝的束缚中彻底解放出来。当然说从神权控制中解放出来，不是不再相信基督教，也不是不再追求天国世界的幸福生活，而是说不被神权的思想完全控制。基督徒照样是基督徒，但不再是"一切为了神"，而是真正按照《圣经》中说的"上帝的归上帝，恺撒的归恺撒"。真正认识到这一点，将两者区分开来，对国家和地区的社会经济发展有决定性的意义。历史证明，凡是神权与世俗政权分不开的国家，经济发展普遍不太好；而将两者区分得比较好的国家，经济发展相对要好得多，比如文艺复兴时期的威尼斯。

更进一步讲，文艺复兴时代人取代神，正如当时著名的人文主义者皮科·德拉·米兰多拉在一篇宣言式的讲演《论人的尊严》里所宣称，"人是世界舞台上一件大奇迹"，"人占据着世界的中心"。在中世纪这是不可想象的。世界由于文艺复兴而发生了天翻地覆的变化。

二是对知识的渴求。

文艺复兴时代里，人们渴求知识，拼命地学习。拉伯雷的《巨人传》里，主人公不停地呼喊："渴啊，渴啊！"他是身体缺水吗？不是。他是感觉缺知识，是头脑贫乏。这反映出刚从中世纪愚昧环境中走出来的人们的一种心理状态。那时的人好奇心强，对什么事物都感兴趣、对什么知识都想掌握。没有一个时代像文艺复兴时代一样，人们渴求知识，酷爱学习，刻苦钻研，成为当时普遍的社会风气。

三是培育全才型人才。

由于文艺复兴时代的人个性独立，追求自由，加上酷爱学习，不仅出现了各行各业的专业人才，而且出现了很多全才型的人物。最典型的例子是达·芬奇。诺曼·戴维斯说："文艺复兴的首要特征被定义为'思想的独立'。它的理想是，一个人通过掌握艺术和思想的所有分科，而不需要依靠外部权威来形成知识、鉴赏力和信念。这样的一个人是'完美的人'。"（《欧洲史·上卷》，第464页）

"完美的人"的观念是人类发展史上一个极其宝贵的思想，也可能是人追求想要达到的人生最高高度。实际上，文艺复兴时代后人类社会发展得越来越复杂，分工越来越细，出现全才型人物的可能性越来越小。这也是后人对那时多才多艺的人才辈出感到惊讶并羡慕的原因。

四是开创了近代科学。

以伽利略为代表的西方近代科学的创立，标志着欧洲文明进入了快车道。在短短二三百年时间里，西方由后进变先进，超过了东方，成为人类文明前进的领军者，也可以说成是人类文明实现了飞跃发展。

虽然，人们对近代科技发展会带来什么后果，有不同看法。一些人认为科技是一把双刃剑，虽然加快了人类文明发展的速度，但也有可能伤害到人类自身，比如大科学家霍金就持这种观点。但是不管看法如何，人类已经不可能停止飞奔的脚步。由于科学技术不断发展，出现越来越多的发明创造，新技术越来越广泛地应用于实际生活中，人类伸长了自己的手臂，变得更有力，更灵巧；增强了自己的腿脚，跑得更快，更远；随着对AI智能技术的深入研究，人类也将扩充和增强大脑的功能。也许科学技术会伤害到人类本身的想法过于悲观，毕竟人类天生有趋利避害的本能，也有不断解决危机的智慧和能力（尽管同时也在不断地制造着新问题），人类的未来是光明的。

五是知识和技术改变了世界。

在这里可以列举几个文艺复兴时代以来新技术改变了欧洲的例子。对地球的新认识和航海技术的发展，让环球航行成为可能（我们将在另一本《海洋文明与大航海时代》书里详细讲述这个故事）；阿拉伯数字的应用，增强了人们对越来越复杂的数量概念的理解能力，提高了管理庞大财富的水平；金融制度和新会计方法的发明，为更大范围地开展商贸活动、发展经济提供了工具。

以上随便列举就可看出，文艺复兴确实是欧洲发展的转折点，极大地提高了欧洲的生产力，让西方成倍地增加财富，从而把东方远远地抛在了后面。由此可见，文艺复兴对欧洲、对人类文明的发展有重要意义。欧洲近代史上曾经发生三大思想解放运动，文艺复兴是其一，另外两项是宗教改革和启蒙运动。文艺复兴揭开了欧洲近代历史的序幕，是西方现代化的起点，被认为是中古时代与近代的分界线。

《西方现代化脚印》这套丛书要从意大利文艺复兴开始写起，这就是充分的理由。

尾 声

意大利文明的贡献

　　按照以前的做法，在结束这本书的写作时，应该给意大利文明在人类文明中的地位排名、打分。这是从写作《以色列文明密码》一书开始的。

　　打分采用100分制。评分项目如下：文明产生的时间（25分），该文明体拥有的人数（10分），文明在历史上存在的时间（10分），古文明是否已经死亡（10分），该文明体当今的表现（10分），对世界文明宝库的贡献（15分），对人类世界产生的影响（20分）。

　　在意大利这块土地上，先后产生过数种文明：首先是雄踞西方的古罗马文明，后来被基督教文明取代，到文艺复兴时期意大利又进入了一个新的文明状态。对这种分成三段式的文明体如何打分令人颇费思量。

　　如果只是说文艺复兴时期，好像不行。因为文艺复兴是对古希腊、古罗马文明的一种"再生"和"回归"；如果从古罗马开始，这本书的故事又没有讲那么远。只能是兼顾一点吧。

　　按照这个标准，似乎应该给意大利文明打85分。

中华文明　　　88分。

以色列文明　　82分。

荷兰文明　　　79分。

葡萄牙文明　　77分。

西班牙文明　　76分。

德意志文明　　73分。

本人的看法是否有道理，请读者评议和批评指正。

参考资料

[1] 斯塔夫里阿诺斯. 全球通史[M]. 上海: 上海社会科学出版社, 1999.

[2] 诺曼・戴维斯. 欧洲史[M]. 北京: 世界知识出版社, 2007.

[3] 威廉・麦克尼尔. 西方的兴起——人类共同体史[M]. 北京: 中信出版社, 2015.

[4] 雅克・巴尔赞. 从黎明到衰落: 西方文化生活五百年——从1500年到现在[M]. 北京: 中信出版集团, 2013.

[5] 杰里・本特利, 赫伯特・齐格勒. 新全球史・文明的传承与交流（1000—1800年）[M]. 北京: 北京大学出版社，2014.

[6] 克里斯托弗・达根. 剑桥意大利史[M]. 北京: 新星出版社, 2017.

[7] 许倬云. 中西文明的对照[M]. 杭州: 浙江人民出版社, 2013.

[8] 钱穆. 中国历史精神[M]. 贵阳: 贵州人民出版社, 2019.

[9] 易中天. 易中天中华史・两汉两罗马[M]. 杭州: 浙江出版联合集团、浙江文艺出版社, 2014.

[10] 彼得・弗兰科潘. 丝绸之路——一部全新的世界史[M]. 杭州: 浙江大学出版社, 2016.

[11] 盐野七生. 文艺复兴是什么[M]. 北京: 中信出版社, 2016.

[12] 盐野七生. 我的朋友马基雅维利——佛罗伦萨的兴亡[M]. 北京: 中信出版社, 2016.

[13] 盐野七生. 海都物语: 威尼斯一千年[M]. 北京: 中信出版社, 2016.

[14] 盐野七生. 神的代理人[M]. 北京: 中信出版社, 2017.

[15] 马基雅维利. 君主论[M]. 北京: 中国社会出版社, 1999.

[16] 伦纳德・蒙洛迪诺. 思维简史——从丛林到宇宙[M]. 北京: 中信出版集团股份有限公司, 2018.

[17] 西蒙・蒙蒂菲奥里. 大人物的世界史[M]. 长沙: 湖南人民出版社, 2016.

[18] 大宝石出版社. 走遍全球——意大利[M]. 北京: 中国旅游出版社, 2003.

[19] 亨德里克・房龙. 人类的故事[M]. 西安: 陕西师范大学出版社, 2007.

[20] 亨德里克·房龙. 人类的艺术[M]. 西安: 陕西师范大学出版社, 2008.

[21] 段亚兵. 以色列文明密码[M]. 深圳: 海天出版社，2016.

[22] 简明不列颠大百科全书[M]. 北京: 中国大百科全书出版社, 1986.

[23] 中国大百科全书[M]. 北京: 中国大百科全书出版社, 2016.

图片来源:

本书图片除署名图片外，其他图片由深圳市中小企业发展促进会提供。